¡NUNCA MÁS!

ABUSOS DE PODER, DE CONCIENCIA Y SEXUALES EN LA IGLESIA DE HOY

Hans Zollner
Lidia Troya
José Luis Segovia

Instituto
Superior
de Pastoral

Diseño: Estudio SM

© 2024, de los autores
© 2024, PPC, Editorial y Distribuidora, S.A.
Impresores, 2
Parque Empresarial Prado del Espino
28660 Boadilla del Monte (Madrid)
ppcedit@ppc-editorial.com
www.ppc-editorial.es

ISBN 978-84-288-4162-7
Depósito legal: M-10950-2024
Impreso en la UE / *Printed in EU*

Saludo y presentación

Mons. Luis Argüello
Secretario general de la
Conferencia Episcopal Española

Buenos días, amigos y amigas:

Quiero comenzar con una palabra de agradecimiento. Agradecimiento a las dos instituciones, PPC y el Instituto Superior de Pastoral, por proponernos una conversación. Una conversación sobre un asunto que es doloroso y que, al mismo tiempo, brinda la ocasión para una profunda renovación en el camino de la vida de la Iglesia, de nuestras relaciones, de nuestras actitudes.

En nombre de los obispos que constituimos la Conferencia Episcopal Española quiero expresar mi agradecimiento a los superiores mayores de las congregaciones religiosas y a tantos que, a lo largo de estos últimos años, estamos trabajando de una manera decidida para que el «¡nunca más!», que quiere ser lema de esta jornada, de esta conversación, pueda ser así un hecho. Gritándolo de manera humilde, porque todos sabemos cuál es la condición de la vida humana: vida herida que precisa ser, de una manera permanente, curada y redimida. Además de este agradecimiento, deseo confirmar el compromiso de la Iglesia española por abordar todas estas situaciones.

Comienzo mi reflexión sirviéndome de una portada en el periódico de mi ciudad, *El Norte de Castilla,* del domingo pasado. En esta se puede ver la fotografía de dos sacerdotes de Valladolid –Marcos, aún diácono, que se ordenaría esa misma tarde, y, junto a él, otro sacerdote de más de 80 años– manteniendo una conversación en torno al significado del ministerio sacerdotal. Sin embargo, impacta la fuerza del título que la acompaña: «Más de la mitad de las causas legales de menores son ya por delitos sexuales en la Fiscalía de Valladolid». Ya en el desarrollo interior de la noticia se habla también de la realidad española y no ya solo de abusos de adultos a menores, sino de abusos de menores a menores.

¿Qué quiero decir con esto? Por una parte, la fotografía de dos presbíteros, uno ya de edad avanzada, emérito, y otro en el día mismo de su ordenación, insinúa que el diálogo, la conversación que nosotros queremos mantener tiene que ver, por una parte, con el pasado, con las víctimas del pasado, con las actitudes del pasado, de encubrimiento, de malas prácticas, de no haber sabido afrontar las cuestiones; pero tienen también que ver con el futuro, con el futuro a la hora de prevenir y a la hora de hacer posible que pueda realizarse con confianza el ministerio de presbíteros, el ministerio de catequistas, de acompañantes de niños, de menores, de personas vulnerables y de tantos cientos de miles de personas que realizan una tarea ministerial en diversos ámbitos en tantos y tantos lugares de la Iglesia en España. En la actualidad, la vida de la Iglesia pone un acento muy importante en la importancia, valga la repetición, del acompañamiento; pero este mismo acompañamiento ha de ser, como tantas veces dice el papa Francisco, un diálogo «cuerpo a cuerpo».

En un contexto de denuncias de abusos sexuales, el posible y necesario diálogo «cuerpo a cuerpo» en el proceso de acompañamiento para ayudar en el crecimiento espiritual o en el discernimiento de las mociones del Espíritu puede ser perturbado por la sospecha. En este contexto, nuestro compromiso ha de ser enorme, ya que la conversación del acompañante está a veces afectada por unos ruidos que la dificultan. Son ruidos mediáticos y políticos que han hecho, quizá sin querer, que los casos de abusos sean un factor que enturbia los procesos naturales de acompañamiento, haciéndolos derivar a otro tipo de ámbitos. Esto también conviene decirlo y tenerlo en cuenta, y Dios me libre de disminuir la gravedad cualitativa de su importancia en el seno de la Iglesia católica, más aún cuando estos abusos han sido realizados por personas consagradas.

En esta hora de la Iglesia, el contexto en que se producen los abusos ha cambiado respecto al pasado, donde, por ejemplo, durante los años sesenta, setenta y ochenta, había muchísimos más internados de titularidad católica que en la actualidad. En esta hora de la vida de la Iglesia hay un cambio en la forma en que los sujetos mismos que realizan la ministerialidad pastoral en la vida de la Iglesia abordan las relaciones interpersonales. Esta acción pastoral se realiza en un contexto social en que el problema de los abusos no ha disminuido, sino que ha crecido. Los informes de la Fiscalía General del Estado de los últimos años nos hablan de miles de denuncias de abusos anuales –en un porcentaje alto son abusos a menores–. El titular de mi periódico, que he mencionado anteriormente, nos dice que más de la mitad de las causas legales de menores son ya por delitos sexuales, por abusos, que tienen que ver –dice luego el artículo– con la banalización de la sexualidad, con la pornografía como ámbito iniciático en el comportamiento sexual de muchos chavales. Esto supone para nosotros un enorme desafío, porque muchos de esos abusos son también abusos producidos entre bautizados o sufridos por ellos. Pero, incluso aunque no fuera así, son cometidos, sufridos, vividos por niños y niñas, por hombres y mujeres, por inocentes vulnerables, que tienen la sagrada dignidad humana. Esta realidad nos interpela, evidentemente, para un compromiso por avanzar en la atención pastoral en este campo.

Os animo, queridos amigos, para que podamos aprender a lo largo de la jornada. Comprendo, al mismo tiempo, que en ocasiones os sintáis incómodos, ya que nunca acabamos de estar a la altura de lo que estamos llamados a ser como Iglesia en medio del mundo: signo e instrumento de la presencia de Cristo, Buen Pastor y Salvador.

Que Jesucristo, Sumo y Eterno Sacerdote, cuya fiesta celebramos hoy en España, sea para nosotros transparencia de lo que ha de ser un pueblo sacerdotal y, en ese pueblo sacerdotal, de lo que el ministerio del sacerdocio ordenado significa y ha de significar para la vida de la Iglesia y de la sociedad.

Muchas gracias, amigos.

1

LA IGLESIA CATÓLICA Y LOS ABUSOS SEXUALES A MENORES: CONCIENCIACIÓN SOBRE EL PASADO. PERSPECTIVAS PARA UN FUTURO MEJOR

Hans Zollner
director del Instituto de Antropología (IDAC)
Pontificia Universidad Gregoriana (Roma)

Me gustaría iniciar mi ponencia agradeciendo a Luis Argüello su presencia aquí: es una importante señal de la implicación de la Conferencia Episcopal Española. Muchas gracias a la editorial PPC por organizar estas conversaciones con gran profesionalidad.

El vídeo que hemos reproducido al inicio ya contiene todas las intuiciones básicas de lo que podemos hacer: el compromiso personal e institucional, la decisión de escuchar a las víctimas, la decisión de ir en contra del abuso, la decisión de reparar, en la medida de lo posible, el daño hecho, la decisión de caminar juntos con las víctimas y el compromiso de hacer todo lo posible para que no suceda el abuso, tanto en la Iglesia como en la sociedad[1]. La Iglesia católica tiene una responsabilidad mayor, como ha dicho Mons. Argüello. Naturalmente, tenemos la tarea tanto de afrontar el abuso en el día de hoy como el encubrimiento en el pasado y en la actualidad de forma, que no se agrave en el futuro.

Mi ponencia se centrará en lo siguiente: la situación de la Iglesia en este momento, la actitud clerical, la percepción de los supervivientes –de las víctimas, con algunas paradojas–, el camino que seguir con consecuencias estructurales, teológicos y pastorales y algunas lecciones espirituales.

La situación actual de la Iglesia en relación con los abusos sexuales

Desde hace algunos años hablamos de una doble crisis. La crisis del abuso mismo, que es horrendo, es terrible. Sin embargo, en el pueblo de Dios, en muchos países, hay otra crisis mayor: el encubrimiento.

El abuso sucede. Somos seres humanos y, como tales, nunca podremos acabar absolutamente con todos los tipos de abuso. ¡Nunca! El mal existe. El mal está entre nosotros mismos y en nuestras relaciones. Nosotros no estamos preparados para acabar con el mal en sí. En ese

---

[1] Cf. https://www.youtube.com/watch?v=k_gw-4ZLWsw.

sentido, la gente comprende que haya abusos y que podrían perdonar. Pero resulta más difícil perdonar cuando, aun sabiendo que el mal existe, no fomentamos una actitud y lucha contra el abuso. Y encontramos en muchos sectores de la Iglesia una resistencia para admitir el mal que ha sucedido dentro de la Iglesia de manos de personas consagradas.

Tenemos una crisis de confianza. Una crisis de credibilidad. Una crisis de fe. Mucha gente deja la Iglesia, abandona su vocación, tiene rota la confianza en la Iglesia y en sus representantes, porque ve que lo que hacemos no corresponde con lo que predicamos y con lo que representamos. La inconsistencia, la incoherencia entre lo que pretendemos ser y lo que realmente hacemos, es, para mucha gente, razón, causa de un escándalo y crisis mayores. Y por eso hablamos de una doble crisis, la del abuso mismo y la del ofuscamiento, el encubrimiento de los abusos.

En los últimos años se han realizado multitud de informes: en Polonia, en Francia –en octubre pasado–, en Alemania (Múnich) –en enero pasado–, etc. Hace un mes, en Lisboa, la Conferencia Episcopal Portuguesa ha celebrado una jornada sobre este tema con el compromiso de llegar al fondo de todo lo que hay que aclarar.

Cada uno de estos informes presenta la imagen de una Iglesia que no estaba por la labor de hacer todo lo posible para acabar con el abuso, para hacer justicia a las víctimas, aun cuando cada uno de estos informes revela que la existencia de abusos sexuales es una situación extendida por todo el mundo. Por tanto, abordar con seriedad y compromiso las situaciones de abusos sexuales es una cuestión fundamental para la vida de la Iglesia hoy y en el futuro.

En los últimos años hay más sensibilidad y atención al abuso de adultos, de seminaristas –el último caso es el del excardenal McCarrick, arzobispo de Washington–, al abuso de personas vulnerables adultas, especialmente mujeres, y mujeres consagradas. La impresión es que los responsables de la Iglesia no se enteran. En inglés se dice, *they don't get it,* es decir, no entienden lo que está en juego, y lo vemos cada día. ¿Cómo pudo pasar esto y encubrirse durante tanto tiempo?

Hoy día estamos verdaderamente sorprendidos de constatar el siguiente comportamiento por parte de muchos, muchos de ellos líderes de la Iglesia: negar, encubrir y enviar a los abusadores de un lugar a otro y, de esta manera, extender el mal en el seno de la Iglesia misma. Este procedimiento no se atribuye solo a una Conferencia episcopal, no solo a una congregación religiosa, sino que son muchos los líderes de la Iglesia que han seguido el mismo procedimiento: ¿por qué? ¿Por qué no han actuado de una manera diferente?

Hace siete u ocho años, cuando salía a la luz un caso de abusos, se generaba una crisis que afectaba a un obispo, a un provincial, que había encubierto a un abusador, etc. En la actualidad nos enfrentamos a una segunda crisis manifestada en una desconfianza en la autoridad de la Iglesia misma, crisis que afecta a la autoridad de los obispos, de los cardenales y del papa mismo, que pasan todos ellos a ser el objetivo que batir. Esta crisis, ciertamente, socava el fundamento de la fe. Hacer frente a esta crisis es el mayor desafío que la Iglesia tiene hoy día.

La Iglesia católica es la institución más antigua y la más extendida del mundo: presente en 190 o 200 países, con 1.400 millones de católicos, con 24 ritos dentro de la Iglesia católica –muchas veces olvidamos que dentro de la Iglesia católica romana hay diferentes Iglesias, por ejemplo, la Iglesia greco-católica de Ucrania, la Iglesia siromalabar de la India, la Iglesia maronita del Líbano, etc.–, con multitud de congregaciones religiosas –el número de congregaciones religiosas es uno de los misterios que ni el papa ni Dios mismo logran descifrar–, etc. Digo todo esto porque esta enorme Iglesia católica se gestiona toda ella desde la Santa Sede mediante la figura del papa, con su liderazgo universal sobre la Iglesia. Pero, mirando más de cerca, uno se da cuenta de que en el Vaticano trabaja muy poca gente en relación con la enorme tarea de gestión. En este sentido, como punto de partida, diremos que la falta de personal repercute directamente en carencias en la gestión de los problemas y en su comunicación.

El clericalismo

La actitud clerical está identificada como una de las actitudes fundamentales para producir el abuso. No es la única. Y, naturalmente, no es algo que se refiera solamente a clérigos, es decir, a diáconos, sacerdotes y obispos. También, de alguna manera, esta actitud está presente en laicas y laicos, en personas no consagradas.

Comencemos por una afirmación muy clerical: «Los cristianos vivimos en este mundo, pero no somos de este mundo». Esta expresión nos lleva a decir en muchas ocasiones: «El mundo no nos entiende», «nosotros, la Iglesia, luchamos contra el mundo, el mundo es distinto a nosotros». Naturalmente, tenemos una necesidad de definir nuestra existencia cristiana, que está en este mundo y no es del mundo, pero pretender que nosotros somos completamente ajenos a este mundo no se corresponde con la realidad. Estamos en este mundo y estamos impregnados de todas las marcas culturales, de las cuales somos más o menos conscientes. En este sentido, una actitud de lucha contra el mundo significa que nosotros estamos construyendo un castillo, un castillo cerrado, con todas las ventajas y desventajas.

Otra expresión clerical muy extendida es la siguiente: «Yo ahora represento a Cristo y a la Iglesia. Y lo hago yo solo y no ninguna otra persona ni ningún otro cristiano o cristiana. Los ataques de los medios de comunicación son una señal inequívoca de que seguimos al Crucificado». Naturalmente, hay periodistas y medios de comunicación que son enemigos de la Iglesia. De acuerdo. Naturalmente, hay gente que quiere destruir a la Iglesia. De acuerdo. Que están enfadados y enojados con nosotros. Sí. Pero la crítica de los medios de comunicación normalmente se basa en hechos. Si no hubiera casos de abuso, los periódicos no podrían escribir de esto. Si no hubiera encubrimiento, no habría un escándalo. Los periódicos viven de escándalos, los periódicos viven de noticias malas, eso está claro. Pero si nosotros, como Iglesia, producimos escándalos y noticias malas, nosotros proporcionamos el *cibo,* el alimento, a los periódicos que quieren atacar a la Iglesia. En ese sentido, la primera tarea sería acabar con los escándalos y limpiar lo que haya que limpiar.

Otra expresión clerical: «Puedo recibir cuanto quiera, ya he renunciado a mucho». He renunciado a casarme. He renunciado a la riqueza, el prestigio en el mundo, y por eso estoy recibiendo cuanto quiero».

Seguimos: «Mi vocación es el servicio». Absolutamente real y verdadero, pero muchas veces estas palabras no transmiten lo que es la verdadera actitud de la persona que, detrás del servicio, se pone por encima de otras personas.

Una más: «No necesito que nadie me diga lo que tengo que hacer», porque soy sacerdote, porque soy directora de escuela, porque he hecho esta formación y, en ese sentido, todos los estándares de educación, de transparencia, de supervisión, no valen para mí, porque estoy por encima de todo esto. No tengo que justificarme, solo debo rendir cuentas ante Dios». Lamentablemente, muchos dentro de la Iglesia piensan que con la ordenación o con el encargo de un rol específico están por encima de todo lo que puede cuestionarlos.

Y la mejor: «Nadie se atreve a criticarme, porque sé todo. Nadie puede criticarme simplemente porque soy sacerdote, soy obispo, soy cardenal, y lo comprendo todo, y mejor que ustedes».

La percepción de los supervivientes

Ante estas expresiones clericales encontramos las expresiones de los supervivientes[2]:

«Nadie ha escuchado jamás mi historia». Su dolor es algo que he escuchado por todo el mundo. He viajado por setenta países en todos los continentes, y lo que he escuchado en todo el mundo es esto: «La institución que se presenta como Iglesia, como la institución que quiere acompañar a personas heridas, a los pobres, los emigrantes, los enfermos…, me ha olvidado a mí, a la persona que ha sido herida dentro de la Iglesia, que no me escucha».

«Me enfurece que se desentiendan de su responsabilidad». En la Iglesia es muy difícil identificar a la persona responsable del abuso, no tanto del abuso en sí –eso sí puede saberse más fácilmente–, sino a la persona que lo ha propiciado, pues no suele ser una sola ni la misma la que lo ha encubierto, la que ha trasladado al abusador de un lugar a otro… Hay mucha gente que está involucrada en estos asuntos, y muchas veces es muy difícil señalar al responsable. En el otro extremo, solemos hablar en plural como Iglesia: «Nosotros hemos hecho…», y no, ¡yo no he tomado la decisión errónea!

«No sé a quién acudir buscando ayuda cuando me he sentido tan indefenso». Muchas víctimas hablan desde su propia experiencia de lo terrible que fue el abuso y el daño

---

[2] Estoy utilizando esta palabra en algunos lugares. Hay otras preferencias: «víctimas», «personas afectadas», «sobrevivientes»…

enorme que le ha hecho. Sin embargo, el daño hecho por la actitud, la reacción por parte de los responsables de las diócesis, de las congregaciones religiosas, es aún mayor cuando treinta, cuarenta o cincuenta años después del abuso, la víctima va a buscar escucha, ayuda, apoyo… y no lo encuentra. Es mayor este daño –según lo expresan muchas víctimas–, porque después de tantas décadas de convivencia con un dolor invisible, dentro de sí, finalmente se deciden a hablar por primera vez de un secreto muy feo de su vida, muy incómodo. Por primera vez tienen el coraje de hacerlo y, justo cuando lo hacen, se encuentran con las puertas cerradas, con corazones aplastados y con dificultad de encontrar una persona que los entienda dentro de la Iglesia; no hablo de ser un cristiano comprometido, hablo de una persona con una reacción humana, que escucha, que siente compasión y con capacidad de acompañamiento.

«Tenía confianza ciega en el padre X, no podía imaginarme que pudiera hacer nada mal». Esta confianza está arraigada en muchos de nosotros: un sacerdote o una consagrada no pueden hacerme mal, porque es inimaginable, porque son personas de Dios, ¿cómo podrían hacer mal? Esta actitud ha hecho mucho daño, no solo por la producción del abuso mismo, sino sobre todo por el daño a la confianza en el consagrado y en uno mismo. Se produce la desconfianza hacia cualquier relación humana, hacia la Iglesia como institución representada por este o aquel sacerdote, por esta religiosa. Se daña la confianza en Dios mismo. Mucha gente víctima de abuso ha dejado la

Iglesia e incluso ha dejado la fe, porque no puede creer en la existencia de Dios que no lo ha protegido, sino, al contrario, que lo ha expuesto a un riesgo mayor en manos de una persona designada como representante de Dios: el sacerdote, la religiosa, el religioso.

«Ya he luchado bastante, me rindo». Esta es la actitud de mucha gente entre las víctimas, tal vez de la mayoría.

«Me sentí muy sucio y culpable». Es para nosotros muy difícil comprender este proceso psicológico en el que la propia víctima se siente culpable, sucia, porque no puede culpar al sacerdote, a la religiosa, ya que para ella son santos, son impecables y, quizá, es la propia víctima quien ha hecho algo mal para merecer el castigo del abuso. Este es el pensamiento de algunas víctimas.

«Se haría justicia si tuvieran el valor de confesar sus crímenes». Tengo que confesar que también a mí me resulta difícil comprender por qué no aplicamos el proceso que Iglesia somete a la persona individual en el sacramento de la penitencia a la institución eclesial. Es decir, por qué no sometemos a la institución a un examen de conciencia, al arrepentimiento, a la confesión clara de los pecados y a la reparación. Estos son los elementos de la confesión, y solo cuando se cumplan todos los elementos la absolución será válida y efectiva. El examen de conciencia se realizará en los informes en que se trata de aclarar lo que ha ocurrido en el pasado. El arrepentimiento, según indica la teología, ha de ser sincero. No solo una declaración fácil de hacer, sino un arrepentimiento cordial, desde el corazón. Respecto a la confesión, ha de ser una exposición clara de los pecados en los procesos en que, al igual que algunos confesores, se sigue preguntando y preguntando para adquirir una conciencia clara de lo hecho y asumir la responsabilidad, tanto de acciones presentes como de acciones en el pasado. Finalmente, ha de producirse la reparación, que es lo que la persona herida necesita y demanda. Esta reparación consiste en muchas ocasiones simplemente en ser escuchados, ser reconocidos como víctimas. Escuchar de la boca del obispo o del provincial, del director de la escuela donde han sido abusados, las palabras: «Tú has sido víctima de abuso dentro nuestras estructuras por parte de esta persona o personas», le basta a muchas personas heridas. Otras, además, piden reparación económica, tener acompañamiento espiritual, psicológico…, y la Iglesia siempre tiene la obligación de escuchar lo que la persona pida.

Paradojas

La primera paradoja incumbe a que, dentro de la misma Iglesia, dentro de la misma institución, congregación, comunidad eclesial, parroquia, movimiento laical o institución educativa, hay a la vez víctimas y abusadores. Por eso en este asunto no todo es blanco o negro. De la misma forma, en el mismo espacio conviven los cuidadores, es decir, los que alientan y empujan la justicia, y los superiores que encubren los delitos de abuso. También dentro de los mismos ámbitos existen personas que no toleran las realidades de los abusos y otras que los minimizan o los niegan y que ya es hora de dejar de hablar de todo esto.

Últimamente, me siento interpelado por uno de los artículos del símbolo de la fe, del credo: «Creo en la Iglesia, que es una, santa, católica y apostólica», pero, ¿en qué consiste esta unidad? No lo veo, al menos en el sentido en que vivimos unidos dentro de la Iglesia, donde tendría que haber una transmisión de las experiencias de una Iglesia local a otra. No, esto no funciona. Los obispos australianos cometieron los mismos errores que los obispos norteamericanos; los irlandeses, los mismos que los australianos, y aquellos no llegaron a transmitir lo que aprendieron de los obispos en Reino Unido. Los obispos alemanes no entendieron lo que deberían hacer a partir de la experiencia de los irlandeses e ingleses, y lo mismo se puede decir de cada una Iglesia local, que repite, lamentablemente, los mismos errores en el tratamiento de los casos de abuso. Para mí es un misterio cómo podemos hablar de unidad si estamos repitiendo siempre los mismos errores. Y me sorprendo más aún porque nosotros, como Iglesia, tenemos una red increíble para comunicarnos y ponernos en contacto y aprender. Evidentemente, esto no sucede y me pregunto el porqué.

Ya he mencionado el clericalismo de clérigos y no clérigos. No es algo exclusivo el clericalismo de los clérigos, y esto para mí es otra paradoja. Hay muchas personas laicas que tienen actitudes muy similares: de prestigio, de rol, de sentirse intocables. En la Iglesia hay mucha confusión en cuanto a la autoridad y el ejercicio del poder. Por un lado, decimos y pensamos que hay una autoridad muy lineal y jerárquica –en teología se describe la naturaleza jerárquica de la Iglesia, que es una–, pero, en la práctica, el ejercicio del poder es muy difuso, está muy cuestionado. Ustedes saben que, si el papa Francisco dice una cosa que no le gusta a un cardenal o un obispo, ¿qué hacen estos?, naturalmente, hablar mal del papa y hacer ver que no están de acuerdo. Si fuésemos una institución jerárquica total, no sucedería esto. Si el presidente de una Conferencia episcopal, en comunión con el resto de obispos, acuerda algo y un obispo en particular no está de acuerdo, ¿qué hace este obispo?, pues va a lo suyo. Lo mismo sucede con los provinciales, hombres o mujeres. Y por eso una de las mayores razones en la expansión del abuso y en no asumir responsabilidades es este mecanismo del poder dentro de la Iglesia. No estoy a favor del autoritarismo, pero sí de aclarar quiénes son los responsables en un caso particular, en una situación particular, en una decisión particular, y esto muchísimas veces no está definido.

Una paradoja más. Cuando hablamos de abuso en el día de hoy, muchas personas dentro de la Iglesia han aprendido el canto, saben cantar bien, saben utilizar las palabras justas: la vergüenza, lo bueno de escuchar a la víctima y todo eso, pero a veces la gente percibe que no es así, que no viene del corazón, que no es expresión de una actitud convertida. Es como se dice en inglés, *Live services,* es decir, un servicio del habla. Es simplemente un repetir lo que teníamos que decir. Y en este sentido puede resultar paradójica la aplicación de algunas «obligaciones»: el papa ha introducido la obligación de que cada una de las diócesis tenga que abrir una oficina de escucha a las víctimas, que en muchas ocasiones se limita a una dirección de correo y una persona encargada. Se ha cumplido, pero ¿quiénes saben que existen? Y seguimos. Las instituciones católicas en todo el mundo tienen que implementar líneas, guías. Las Conferencias episcopales, las congregaciones religiosas, las escuelas… deberían implementar líneas rectoras. En efecto, escribimos estas líneas, pero ¿quiénes las conocen?, ¿quiénes las siguen?

También la formación se ve afectada por la política de cumplimiento. Los seminaristas y los sacerdotes, según la *Ratio* fundamental –es decir, las directrices de la Santa Sede para la formación inicial y permanente de los seminaristas y sacerdotes–, prescribe en el número 216 que la formación tiene que continuar en el ámbito de la prevención del abuso. Invitamos a algunos expertos, un día, durante una, dos o tres horas, y acabamos con este tema por cinco años, y ya hemos marcado la casilla del «cumplido». Y así eliminamos un área de preocupación incómoda.

Mons. Argüello ha hablado de esta incomodidad. Yo les presento –genero– mucha incomodidad, lo sé, pero eso debería ser una de las motivaciones para continuar el camino. Abordar el pasado es, muchas veces, absolutamente insuficiente, y empeñarse en la protección debería involucrarnos a todos nosotros, no solo a los expertos.

Consecuencias de la existencia de abusos

Al referirme a las consecuencias, hagamos mención, en primer lugar, a las consecuencias estructurales. Una de mis más claras impresiones en los últimos años ha sido la desunión, la fragmentación. En ese sentido, creo que uno de los mayores retos es el empeño en este ámbito para crear más unión, más comunión entre normas y actitudes. Tenemos que escribir e implementar normas, líneas, guías, pero, a la vez, hemos de procurar que la actitud siga o sea expresión de estas normas, como también de las leyes de la Iglesia o las leyes del Estado en el cual estamos viviendo.

La teología, lamentablemente, durante muchos años no ha percibido la necesidad de desarrollar una teología frente al abuso. Esta, de desarrollarse, tendría que abordar muchos temas interesantes e importantes: la salvación de la víctima, la del abusador, la estructura de la Iglesia, y, más, aún, una nueva eclesiología que contextualice por qué una determinada estructura ha favorecido el abuso, el encubrimiento… Serían muchos temas y muy importantes. Otro fundamental para abordar sería la justicia y la misericordia: nuestro Señor habla del perdón, de perdonar hasta setenta veces siete. Pero con la condición de la confesión, del arrepentimiento.

Otra de las consecuencias es el refuerzo del acompañamiento a niños y niñas que han sufrido abusos o están en situaciones de riesgo. En los últimos años se ha prestado mucha más atención a los abusos de adultos perpetrado por clero y laicado, en el acompañamiento pastoral, espiritual, etc., y no solo en contextos eclesiales, sino también laborales. Sin embargo, estoy todavía convencido de que nuestro enfoque en la Iglesia debería subrayar la atención a niños y niñas, porque, simplemente, no tienen otra voz que no sea la nuestra. Los adultos, en muchos casos, pueden buscar otras vías, pero los niños y las niñas no.

Por otra parte, la desconfianza con respecto a los clérigos conduce a muchos laicos a distanciarse y tomar sus propias decisiones. El clero, ante esto, tiene el sentimiento de ser juzgado y atacado injustamente, creándose así una fricción y división en la comunidad. Todos deberíamos trabajar con el fin de integrar y no dividir. Esta tarea conlleva también la necesidad de formar gente, tarea en la que se ven implicados especialistas y no especialistas. Es el reto que ha asumido nuestro Instituto de Antropología en la Universidad Gregoriana, con la creación de la diplomatura en español que el padre Daniel Portillo dirige en Roma. Estamos muy felices porque contamos con algunos alumnos diplomados de España.

Hay necesidad de capacitar personas, pero sin perder el horizonte: todos nosotros seremos expertos en el abuso en cuanto podamos abrir los ojos, los oídos y la boca al ver algo que parezca ser un abuso. Tenemos la responsabilidad, todos nosotros, de informarnos a nuestro nivel, de prestar apoyo, de empujar a nuestras instituciones y también a nuestra Iglesia como tal cuando está bloqueada o bloqueando procesos o negándolos.

Son pocos los países en los que hay una colaboración coordinada entre las diócesis y las congregaciones religiosas, es decir, entre la Conferencia episcopal y la Conferencia de Superiores de Congregaciones religiosas. Y esto es testimonio de la división dentro de la Iglesia. Es crucial contar en este ámbito con un estándar común. Esto se acentúa más entre países cuando hablamos de la colaboración entre las instituciones religiosas y el Gobierno. Esta situación cambia mucho de un país a otro. Por ejemplo, en España, la polarización política es muy fuerte. Me atrevo a decirlo como extranjero. En España tiene mucho peso el pasado, en el que hubo mucho enfrentamiento, y entran en juego muchos factores en el escenario político. Buscar una comprensión mutua, en la medida de lo posible, es, a mi parecer, una de las estrategias que deberíamos seguir. Si hay un enfrentamiento total, hará daño, sobre todo a las víctimas y a las personas vulnerables en este momento, que deberían ser protegidas de abuso.

Por eso insisto tanto, y lo repito una vez más, en la necesidad de comunión. No es una comunión unívoca, no es una comunión unilineal, sino que debería respetar la diversidad. Desde esta perspectiva, cobra gran importancia el respeto, la escucha, un nuevo ascetismo, en el sentido de reflexionar dónde estamos como Iglesia, qué está en el centro de nuestra misión, y decidir qué vamos a hacer y qué vamos a poner en el centro de nuestra actitud y de nuestra misión. Y abandonar cosas que no vamos a continuar y que no nos ayudan con nuestra misión central, que es la propagación de la fe. En esta clave, somos invitados a buscar otro tipo de pastoral que ponga de relieve elementos favorables a la propagación de la fe en contextos de abusos y de pérdida de confianza.

Principios teológicos y pastorales

«¿Cuándo terminará esto para poder volver a nuestros verdaderos ministerios, entendidos como lo hemos hecho siempre?». Ante esta pregunta, afirmo: «Este es nuestro verdadero ministerio en el mundo de hoy». Si el Dios de la historia, el Dios de la Iglesia, el Señor de su pueblo, nos pone frente a estos asuntos, ¿qué quiere decirnos?

Reflexionemos en todas nuestras acciones, en todas nuestras misiones educativas, espirituales, pastorales, en Cáritas, etc., y preguntémonos: ¿dónde está nuestro corazón en estos asuntos?, ¿forma parte esto de nuestro ministerio? Incluso me lo pregunto respecto a algunas congregaciones religiosas: ustedes tienen hospitales, escuelas… ¿por qué realizan este ministerio si ese trabajo pueden hacerlo laicos en el mundo de hoy? ¿Dónde están los centros de escucha dirigidos por religiosas, religiosos, que puedan ser centros de atención al mal vivido por muchas personas, y no solo dentro de la Iglesia? Se nos ha olvidado que las víctimas también forman parte de nuestro rebaño.

Muchos obispos responden inmediatamente que el sacerdote abusador forma parte de su rebaño y se empeñan en protegerlo y sanarlo. No hacen lo mismo por las víctimas y por otras personas. En este sentido, todos nosotros somos corresponsables, cada cual, aquí tiene su misión y su vocación cristiana, y parte de esta vocación es empeñarse en favor de las personas vulnerables y heridas.

¿Cómo podemos fomentar una cultura de debate constructivo y de transparencia, con posiciones diferentes?,

¿cómo seguir abiertos, discutiendo y continuando con lo que estamos haciendo?, ¿cómo podemos desarrollarlo en una línea más cercana a la necesidad del mundo de hoy?

Lecciones espirituales

¿Cómo abordamos nuestras propias resistencias, dificultades y preguntas, así como la fatiga ante el infinito «no»: no queremos escuchar más y no queremos discutir más sobre estos hechos?

El desafío es llevar todo lo que vivimos a la oración y presentarlo a nuestro Señor. ¿Cuántos de nosotros hemos pedido al Señor luz en esto y hemos buscado verdaderamente escuchar y no simplemente reaccionar, buscar una estrategia política o evitar u olvidar? Hemos de escuchar verdaderamente en el corazón lo que el Señor nos dice respecto a estos asuntos. Creo que nos falta mucho en esto.

¿Dónde está el espacio para los supervivientes en medio de nosotros: en las parroquias, en las escuelas, en las diócesis, en las congregaciones religiosas? Cuando no escuchamos la voz de las víctimas de abusos, a mi parecer, estamos excluyendo la voz de Jesús, que está sufriendo en ellas. ¿Quién les está acompañando en su difícil camino?

Ante la realidad del abuso, ¿cuál es el centro de interés en nuestras instituciones?, ¿nuestra reputación o la víctima, el vulnerable, el otro y el otro con mayúscula: Dios mismo?

Les dejo con estas preguntas, que son preguntas de reflexión y de oración. Espero que de alguna manera podamos continuar en este camino juntos, porque esta es la mejor manera de recorrerlo.

Una última cosa: ¿qué significan para nosotros y para el ejercicio de nuestros ministerios la dignidad y el cuidado? ¿Cómo puedo transmitir mi respeto de la dignidad de la persona que está frente a mí?

A continuación, voy a pasar muy rápidamente por el tema de la existencia de nuestro instituto, pero ustedes pueden informarse en nuestra web. Obviamente, nosotros estamos trabajando con muchas instituciones académicas y educativas, también en España, con nuestro programa de aprendizaje a distancia, pero tenemos también la posibilidad de ofrecer una diplomatura en protección, tanto en español como en inglés, una licenciatura, la única en el mundo entero en esta materia, y el doctorado.

Muchas gracias por su atención a este tema. Muchas gracias por su empeño. Muchas gracias a todas las víctimas que están todavía caminando con nosotros y muchas gracias por recorrer el camino en comunión.

2

¿CUÁL ES EL PLAN ANTIABUSOS DE LA IGLESIA?

ALFREDO DAGNINO
coordinador del equipo auditor
de Cremades & Calvo-Sotelo

–¿Qué es y qué no es la auditoría externa que han encargado los obispos españoles?

–Más allá de todas las cosas que se oyen, antes hablaba don Luis Argüello del ruido mediático y del ruido político; yo creo que es importante concretar con rigor en qué consiste. La Conferencia Episcopal Española suscribió el 22 de febrero un encargo formal de una suerte de auditoría –se llama así técnicamente– que, vista en su profundidad, supone el ejercicio de formación de la convicción de una necesidad de verificar cómo se están haciendo las cosas en el seno de la Iglesia, fundamentalmente en tres órdenes.

El primero incumbe al estado la cuestión hoy, que tampoco es una tarea fácil. Hay personas que creen que la realidad de la Iglesia es una realidad orgánicamente homogénea, y se desconoce la multiplicidad de instituciones que la conforman: las diócesis, los institutos religiosos, las sociedades de vida apostólica, las instituciones laicales... Analizar institución por institución cuáles han sido los casos que se han dado, cuáles han sido las incidencias a las que han dado lugar, tanto en sede canónica como en sede civil, y en qué ha terminado todo esto... O sea, tener una suerte de cuadro, de mapa de cómo están las cosas en este sentido en España.

En segundo lugar, hay que atender a qué medidas se han ido adoptando a lo largo de estos años y en la actualidad en relación con la prevención y la actuación, muy especialmente para prevenir casos de esta naturaleza, y qué trabajo están haciendo las diócesis –que lo están desarrollando desde hace mucho tiempo– y las demás instituciones en ese sentido.

En tercer y último término, prestamos atención sobre cómo han ido funcionando los sistemas de reparación, tanto de orden material –mecanismos de resarcimiento, de ayuda material– como espiritual –acompañamiento espiritual, pastoral, el apoyo moral que las víctimas han tenido en seno de la Iglesia–.

Por tanto, el objetivo de nuestro encargo es hacer una auditoría y una verificación de cómo se están haciendo las cosas, con la pretensión sana de poder mejorar y, en su caso, corregir posibles defectos.

¿Qué no es nuestro encargo? A mi modo de ver, no es una causa general contra la Iglesia católica, aunque el ruido mediático pueda parecer que pretenda ser eso. Las causas generales, por principio, son malas. Tampoco esto es un Concilio Vaticano III, aunque el análisis que hemos visto de la experiencia comparada a veces nos lleve a la tentación de incidir sobre cuestiones que afectan a la esencia misma de la vida y la misión de la Iglesia.

Nuestra tarea es más modesta, mucho más modesta, y, al mismo tiempo, trascendente, ya que nace por propio convencimiento de la Iglesia en España, representada en la Conferencia Episcopal Española. Es el sano ejercicio de ver cómo se están haciendo las cosas, un reconocimiento explícito de la realidad dramática que se ha vivido y la pretensión de mejorar con una absoluta transparencia.

–En la presentación del encargo de la Conferencia Episcopal, el presidente del bufete, Javier Cremades, habló de llegar hasta el final, y los obispos, posteriormente, también han dicho que no se iban a poner límites para mirar al pasado, que se contarían los abusos desde el primer registro que se tenga. ¿Cómo interpretamos esa expresión de «llegar hasta el final» en los abusos en España.

–Más allá de la literalidad de la expresión, lo que yo creo que Javier Cremades quiere señalar es que el encargo se va a llevar a cabo como procede en sus términos. Nosotros tenemos un encargo y ese encargo es nuestra hoja de ruta. Nosotros no podemos salirnos de ese encargo y en los términos que señalé anteriormente. Lo que está claro es que esa misión la tenemos que llevar hasta el final, con todas sus consecuencias. Debo decir que es, por un lado, una tarea, y, por otro, un reto apasionante de servicio a la Iglesia y de servicio indirectamente a la sociedad donde todos los días aprendemos. Yo, personalmente, aprendo todos los días.

Muchas veces vemos que en los medios de comunicación o en ciertas instituciones en la vida civil se habla de esto con cierta ligereza. Esta es una tarea de prospección, una tarea de orfebrería, de ir diócesis por diócesis, Orden por Orden, para conocer en profundidad la realidad de cada diócesis y de cada Orden, institutos religiosos, verificar esas cuestiones, ver los equipos que se han dedicado a eso, etc. Esta es una tarea muy laboriosa, pero que hasta ahora no se ha hecho, y es una tarea que arrojará sus resultados. Debo decir que la estamos afrontando con plena colaboración de todas las instituciones con las que tenemos ahora mismo interlocución. Es una parte de la labor de prospección, las fuentes eclesiásticas, y tenemos otra serie de fuentes civiles. Estamos contrastando, y además hilando muy fino, en el manejo de los datos para evitar duplicidades entre diócesis y Órdenes religiosas o incluso entre diócesis, porque a veces hay contingencias entre diócesis. ¿Para qué? Pues para que resplandezca la verdad mediante el asiento y el fundamento en la realidad, verificada empíricamente. Hoy, desgraciadamente, muchas veces leemos, hablamos de cosas que no tienen un sustento probatorio. Nosotros somos profesionales y queremos cumplir con este encargo con rigor, y que todo lo que vertamos en el informe tenga fundamento.

–El primer obstáculo con el que se han encontrado es el hecho de que se cuestionara la independencia del bu-

fete. Esa cuestión ha salido aquí en algún momento de la mañana, por esa pertenencia de Javier Cremades al Opus Dei, y se ha visto, o ha podido ser visto por parte de la opinión pública, como que se es juez y parte al mismo tiempo. Usted también es propagandista, no sé cómo vive esa realidad y cómo lograr que una víctima no crea que esto es un lavado de cara de la Iglesia española, sino que es una acción efectiva, real.

–Debo decir que a mí, personalmente, me molesta tener que afirmar la profesionalidad de los que estamos en el despacho, cualquiera que sea su convicción. En nuestro despacho hay de todo, como hay en la sociedad. Yo soy una persona tanto o más vinculada que Javier Cremades en el servicio de la Iglesia, y es público y notorio. Yo he sido presidente de la Asociación Católica de Propagandistas, del CEU; he estado once años de mi vida en COPE; he sido presidente de Radio María… ¿Me perjudica esto a mí en mi independencia en el ejercicio de mi profesión? Respeto que cada cual es libre de pensar lo que quiera, pero yo sí reclamo el prurito de que nosotros estamos trabajando con absoluto rigor e independencia, porque, además, tenemos la convicción de que hacemos un servicio pleno a la Iglesia al desarrollar nuestro trabajo perfectamente hasta el final, asumiendo la realidad que nos hemos encontrado y pudiendo contribuir con nuestro granito de arena a que las cosas puedan mejorar en su caso.

Evidentemente, siempre habrá fuerzas, instituciones, poderes actuantes que quieran condenar de antemano nuestro trabajo. Sin embargo, nuestra credibilidad se fundamenta en cumplir estrictamente con el mandato que nos ha hecho la Conferencia Episcopal, y hacerlo técnicamente de manera impecable, y, como se ha recordado aquí, lo estamos haciendo con una mirada y una escucha a las víctimas y a las organizaciones que las agrupan.

Estamos actuando desde el primer minuto con la profundidad que merece, o sea, esto no es simplemente una auditoría técnica, como hay una auditoría financiera, contable o jurídica; esto es un trabajo que, teniendo carácter de auditoría, adquiere una profundidad que exige una sensibilidad especial, un conocimiento de la Iglesia y contar con todos los interlocutores y los operadores con que nos encontramos en el camino.

Por tanto, yo estoy muy tranquilo, somos profesionales. Estoy acostumbrado a trabajar con ruido mediático y a mí eso, sinceramente, no me afecta.

–Ha habido, sí, asociaciones de víctimas que han manifestado su decisión de no colaborar con ustedes por este motivo que mencionábamos o por otros. No sé si en este tiempo que llevan trabajando se ha dado un acercamiento con ellas, una posibilidad de una puerta abierta.

–Nosotros, desde el minuto uno en que asumimos el encargo, recibido con la confianza episcopal, hicimos varias cosas: un proceso de inmersión y de estudio en esta realidad contando con todos los antecedentes, a nivel de la Iglesia en España y desde el punto de vista comparado. Abrimos un canal de denuncias donde hemos recibido, tanto por vía telefónica como por correo electrónico y por algún otro cauce, el testimonio de víctimas. En segundo lugar, hemos estado siempre en permanente contacto con las asociaciones. Todas las asociaciones que han querido estar y han venido con nosotros. Yo he asistido a dos, tres y cuatro reuniones con varias asociaciones que han querido estar. Algunas se han resistido, pero por una razón personal. Aun así, lo que puedo decir es que todas las que han querido estar han estado. Ayer mismo tuvimos una reunión del Consejo Asesor y asistieron tres. Y estuvimos cuatro, casi cinco horas, escuchando el testimonio de quienes están haciendo la labor de asistencia a las víctimas en esas asociaciones, que unas son, digamos, regionales, y otras, nacionales. Para nosotros, estos encuentros son un instrumento muy importante también para conocer en profundidad la realidad que tenemos por delante.

–¿Es posible desvelar cuántas víctimas se han puesto en comunicación con ustedes?

–Absolutamente. Los contactos que se han realizado por correo electrónico, por llamadas telefónicas o por algún contacto personal no llegan a sesenta, de las cuales apenas la mitad se refieren a casos de abusos en el seno de la Iglesia directamente. Es muy curioso, porque esto que digo pone de manifiesto que hay una realidad, que está muchas veces oculta también en la sociedad, de personas que han sufrido abusos que no se conocen y que tienen la necesidad de tener interlocutor. No son ni una, ni dos, ni tres las personas que se han puesto en contacto con el despacho, porque simplemente necesitaban tener un interlocutor, alguien que les escuchase. Y preguntándoles expresamente por una cuestión de rigor: «Los hechos que usted nos traslada ¿tuvieron lugar en el seno de una realidad eclesial, en un colegio…?», han respondido: «No, no, no tiene nada que ver con la Iglesia, pero teníamos la necesidad de llamar, aunque sabemos que esto se refiere solo a los abusos en el seno o en el ámbito de la Iglesia».

Hay, por tanto, una realidad social ante la que no podemos llamarnos a engaño. Lo ha dicho el padre Zollner con muy buen criterio y con acierto: «¡Basta con que haya un caso para que sea un drama!». Pero, si queremos servir de verdad a la sociedad, este problema hay que situarlo en un contexto mucho más amplio. Y esto no desvirtúa la necesidad de esta labor de purificación en el seno de la Iglesia, pero sí nos interpela a tener en cuenta que la realidad es mucho más amplia, que hay ámbitos en los que, desgraciadamente, los casos son cuantitativamente mayores –y, para que conste, no quiero quitar gravedad con esto a los casos en el seno de la Iglesia–.

Volviendo a su pregunta, no llegan a sesenta, y solamente la mitad aproximadamente se refiere a casos relacionados con la Iglesia. Estos datos los estamos contrastando con los de algunos dosieres que han circulado por la sociedad y con los datos reales que estamos recabando en las diócesis, en las Órdenes y las congregaciones religiosas.

–Como usted indicaba, comprender la realidad en contextos eclesiales de los abusos en toda su extensión ayuda

a esta investigación. También ayuda comprender lo que han hecho otras Conferencias episcopales. Por ejemplo, la investigación llevada a cabo por la Iglesia española llega después de otras que ya han iniciado el camino, como la Iglesia alemana, con bastante reconocimiento, o en otros casos, como la francesa, con unas cifras extrapoladas que parece que no se corresponden demasiado con la realidad. ¿Cuál es la metodología de trabajo que están utilizando ustedes y cómo está trabajando este equipo internacional de veintiocho profesionales?

–Lo explico muy brevemente. Nosotros lo que hicimos desde el primer momento fue un proceso de inmersión en la realidad que se nos había encomendado, porque es una realidad muy transversal que requiere profesionales de diverso tipo –no solo juristas– y no solo un enfoque estrictamente jurídico. Y es una realidad también multidisciplinar. Por tanto, quisimos hacer este proceso de inmersión con toda una recopilación de antecedentes sobre la materia y, muy especialmente, prestando atención al detalle de lo que ha ocurrido. Y después hemos realizado una «experiencia comparada» contrastando lo recabado en esta inmersión inicial con la realidad de los Estados Unidos, de Australia, de Canadá, de Bélgica y, más recientemente, de Francia y Alemania. Aunque el ruido mediático induzca a creer que nuestro trabajo es similar a los anteriores mencionados, el encargo que nos ha hecho la Conferencia Episcopal responde a un modelo inédito, que no tiene nada que ver con el alemán, ni con el francés, ni con los otros.

En nuestro caso, formamos un Consejo Asesor, que se ha creado en el despacho, donde están presentes los dos abogados alemanes que formaron parte de esa comisión y de ese trabajo. Estuvimos dos días haciéndoles un interrogatorio, un tercer grado con muchísimo detalle de cómo se trabajó. Estamos hablando de un encargo de dos diócesis alemanas. De dos diócesis exclusivamente, y nos contaron toda la metodología, todos los avatares que habían tenido. En efecto, de esa conversación –y de otras que hemos tenido también con la realidad francesa– nos dimos cuenta de que el modelo español es distinto. Distinto tanto metodológicamente como desde el punto de vista de los objetivos.

Lo que hicimos fue tomar conciencia de lo que se estaba haciendo en nuestro contexto y se había hecho desde el punto de vista comparado, y constituir, digamos, una estructura organizativa en el despacho, realista y operativa, pues nuestro compromiso es entregar un informe de auditoría en doce meses. Doce meses se pasan pronto, y estamos hablando de hacer una labor de prospección en todas las diócesis e instituciones religiosas de España. Esto no es una cuestión menor. Tenemos, por tanto, una metodología –aunque no sería nuestra voluntad– de proceder de forma estandarizada: mantenemos reuniones de dos o tres horas con los obispos y con los equipos de cada diócesis; unas son presenciales, otras son telemáticas. En una primera ronda debo decir que pedimos información rigurosa sobre unos puntos que mandamos con antelación y nos envían de forma previa al encuentro. A partir de este soporte documental realizamos una labor de recopilación y avance con cada diócesis. Paulatinamente nos vamos entrevistando con todas las asociaciones, estando, a la vez, atentos al canal de denuncias, garantizando en todo el proceso la confidencialidad de todos los datos.

Esto quiero decirlo también con especial énfasis: tanto la documentación que se nos entrega, que está sujeta a reserva en esa difusión, como los datos personales que a veces aparecen están sujetos a un protocolo riguroso y exigente con arreglo a la legislación vigente.

Lo que hemos querido es programar en unos meses las visitas a todas las diócesis españolas y las visitas a las Órdenes y a las congregaciones religiosas. Quiero decir que en este sentido ha sido una pieza clave don Luis Argüello, como secretario general de la Conferencia, que evidencia la colaboración intraeclesial, aspecto esencial este, como ha indicado antes el padre Zollner. Resalto que, en el seno de la Conferencia Episcopal, a través de la Secretaría General, se genera una acción concertada con todo el mundo de los religiosos a través de CONFER y de su secretario general, que está haciendo una labor excepcional. Además, yo he tenido la oportunidad de testarlo en las visitas con todos los obispos. En conclusión, existe una mentalidad supradiocesana de colaboración.

Y creo que todas estas sinergias derivan de la importancia que tiene este asunto, que no es menor, para la Iglesia en España y para la Iglesia universal.

–Vamos a hablar de esta metodología en extensión y en profundización. La auditoría va a echar la vista atrás

para rastrear los abusos, pero ¿hay una fecha determinada desde la que se parta?, ¿cómo se define ese «desde cuándo»?

–Lo primero que hicimos fue delimitar el ámbito, el perímetro del encargo de la auditoría, y lo hicimos con una idea-fuerza compartida por la Conferencia Episcopal, que era no establecer restricciones artificiales, y al propio tiempo establecer un orden de magnitudes, tanto desde el ámbito subjetivo como objetivo.

En cuanto al ámbito subjetivo, es decir, qué sujetos iban a ser objeto del estudio, distinguimos entre victimarios y víctimas.

Respecto a los victimarios –presbíteros, religiosos, ordenados o no, y laicos–, establecimos unos criterios reglados. Por ejemplo, en cuanto a los laicos: tienen la *missio canonica* o ejercen una profesión, dignidad u oficio relacionado con la Iglesia, porque no podemos perder de vista que hay obras pastorales y apostólicas donde sirven laicos o catequistas en las diócesis o en las parroquias que pueden haber estado incursos en situaciones de esta naturaleza.

En cuanto a las víctimas, teníamos claro diferenciar entre quienes eran menores o mayores de edad en situación de especial vulnerabilidad con arreglo también a unos criterios.

En el ámbito objetivo hemos querido ser flexibles, en el sentido de no ceñirnos solo a la legalidad positiva penal de los delitos de abusos sexuales, sino ampliar el estudio también a comportamientos que desde esta perspectiva son impropios o no se compadecen con la moral y que, desde ese punto de vista, tampoco supongan restricciones artificiales.

En cuanto a la definición del tiempo que abarca el estudio, diré lo siguiente. Curiosamente, las comisiones francesa y alemana acotaron el tiempo y partieron desde los años cuarenta o los cincuenta. Nosotros, expresamente, no hemos querido establecer una fecha. Lo que hemos querido es que la propia dinámica de la noticia de casos o de las denuncias formuladas determinaran nuestro trabajo, y así, para no integrar criterios forzados, no hemos establecido ningún tipo de límite en este sentido temporal. Respecto a la petición de información que se hace a todos los obispos diocesanos y a las Órdenes y las congregaciones religiosas, se habla de casos históricos, de casos recientes que estén cerrados –bien causas canónicas o procesos civiles ante las autoridades del Estado, ante la jurisdicción penal– y, en tercer lugar, los casos vivos.

–En cuanto a la profundización en la realidad de los abusos, ante esta lacra, a la Iglesia se la acusa también de encubrimiento. Nos lo ha recordado antes Hans Zollner, este encubrimiento es una nueva forma de revictimización de las víctimas. En estos meses se ha hablado mucho de los archivos históricos y secretos de las congregaciones y de las diócesis, incluso de una posible falta de colaboración. No sé si ustedes han percibido esa realidad.

–El asunto de los archivos secretos tiene mucho morbo, sobre todo en los ámbitos de los medios de comunicación. Ayer, en la Comisión –a la que asistí como relator, pues me pidieron que hiciese un informe de todo lo que habíamos hecho hasta ese momento–, dije en el momento de la firma del acuerdo a los medios: «Siento estropear a algunos un buen titular con la verdad, y la verdad es que nosotros no estamos teniendo ningún problema en obtener información». Debo decir que me han facilitado tomos y legajos procedentes del archivo secreto de esas diócesis. Esto es resultado de un primer momento de interlocución con la institución, con una petición exigente de información en esos tres órdenes que antes he mencionado, y nosotros la recibimos. Cuando no tenemos claro algo o tenemos alguna duda, nos volvemos a poner en contacto con la diócesis –o, en su caso, con la Orden religiosa– y pedimos explicaciones o información suplementaria. Y siempre sustentada documentalmente.

Y respecto a los archivos secretos, nosotros, lo que no indicamos a las diferentes instituciones, es de dónde tienen que obtener la información. Si hay necesidad de contrastarlo con documentos *in situ,* lo hacemos. Pero hasta ahora no hemos tenido ningún problema en cuanto a la transparencia, la información y la documentación de la Iglesia.

Este ejercicio de transparencia creo que obedece sinceramente a una concienciación real y sincera en el seno de la Iglesia.

–El propio Luis Argüello, secretario general de la Conferencia Episcopal, sí que ha hablado también de que muchas veces no queda constancia alguna de los abusos, porque precisamente es un tema que no se quería mirar

de frente, que era tabú. ¿Es esto un impedimento objetivo para ustedes?

–Esto es un impedimento objetivo en cualquier ámbito de la criminalidad. Hay delitos que no se conocen nunca, y sabemos que en este ámbito hay casos que por las circunstancias peculiares que suponen los abusos sexuales en entornos eclesiales –igual que en entornos familiares o en otro tipo de entornos profesionales– hay una resistencia a la denuncia, por razones obvias, muchas veces fundadas en el trauma personal que hay detrás, por razones a veces de los clichés y estereotipos sociales y por las dificultades que muchas personas tienen en sus respectivos entornos. Indudablemente, hay casos que no se conocen y que, al hilo de algunas interlocuciones con asociaciones de víctimas, se han puesto de manifiesto.

Evidentemente, lo que no se conoce es difícil de auditar, pero, insisto, esta casuística es una realidad en cualquier ámbito de la sociedad. Sin embargo, como he dicho, en la interlocución con las asociaciones y con casos concretos sale a relucir algún testimonio o se ha puesto de manifiesto un caso de abuso que, normalmente, induce a descubrir otros relacionados. Aunque yo no sea experto en el asunto, sí estoy llegando al convencimiento durante mi trabajo en estos meses de que el abusador no lo es de una sola víctima, y es habitual –y en los datos que estamos manejando se refleja– que un acto de abuso, tanto en contextos eclesiales como extraeclesiales, no se dé de forma aislada, sino que forma parte de acontecimientos episódicos. Aun así, hay casos que no se conocen y que será difícil conocer.

–El objetivo de su trabajo, ¿es dar una cifra definitiva de los abusos en la Iglesia española durante el último siglo?

–Como he indicado al principio, el encargo es un poco más complejo. Se pretende, primero, ofrecer una radiografía fundada en datos veraces para que la verdad resplandezca. Seguramente, a algunos no les va a servir dimensionar la cuestión basándonos en datos, pues según estas personas estamos obligados de antemano a decir que tenemos que ser muy duros con la Iglesia para ser creíbles. En este punto, tengo la tranquilidad de la objetividad y del rigor y, salvo lo que usted ha puesto de manifiesto acerca de la existencia de casos opacos que no salen a la luz porque no se denuncian, los que están registrados saldrán a la luz, los históricos y los más recientes o los que estén vivos en curso, bien ante la jurisdicción penal del Estado o bien en causas canónicas que no han sido todavía resueltas, bien por el obispo o por la Congregación para la Doctrina de la Fe. Desde este punto de vista, estamos tranquilos.

Pero el encargo va más allá. En segundo lugar, pretendemos verificar los procesos que se están implementando, porque ahí sí que hay cosas que probablemente pueden mejorar en relación con cómo una diócesis o una Orden afronta todo esto. Tanto sobre formas de actuar como sobre diferentes maneras de articular los procedimientos desde el punto de vista organizativo. Revisando esto, podremos dar al estudio la profundidad que merece, pues surgirán recomendaciones y sugerencias.

En tercer lugar, atenderemos también a la reparación. En este punto nos hemos encontrado casos de Órdenes y congregaciones religiosas que han establecido unos mecanismos inéditos y muy avanzados de resolución de controversias. Aunque no quiero citar explícitamente a nadie, sí quiero decir que existen Órdenes que han hecho cosas muy pioneras y satisfactorias para las víctimas, aunque lo hayan hecho pasados algunos años desde que se produjera el abuso. En definitiva, hay un proceso de concienciación real y sincero para mejorar los mecanismos. Todo este bagaje se tendrá que examinar minuciosamente en el informe.

–En medio de la polvareda mediática y política que despierta un tema como este, ¿cree usted que como sociedad vamos a saber distinguir la parte del todo?, ¿vamos a saber quitarnos esa etiqueta injusta que nos han puesto –que nos hemos puesto–: «Iglesia católica abusadora»?

–Extraer, a partir del reconocimiento de casos reales que hay en la Iglesia universal, la tesis de que la Iglesia es abusadora me parece excesivo. Trabajando en este ámbito, uno percibe la misión que la Iglesia tiene y su propia belleza cuando visitamos las diócesis y percibimos que son muchos quienes trabajan por atender la realidad de los abusos: desde el vicario general, pasando por los vicarios judiciales, sacerdotes excepcionales, los laicos que colaboran con las diócesis en las oficinas y la cantidad de gente buena y santa que está de manera abnegada y desprendida al servicio de la Iglesia. En efecto, existe una zona oscura que hay que redimir y que existe en la Iglesia en este proceso de purificación, pero yo creo que desvirtuar la esencia de la Iglesia por estos acontecimientos me parece profundamente injusto.

Yo sé que algunos están en eso, es decir, en tachar a la Iglesia como abusadora, pero, como ha dicho el padre Zollner, seguramente se esconde detrás otro tipo de intereses. No debemos ser cándidos y no podemos perder de vista que algunas informaciones se han puesto en circulación a veces con poco rigor y con poca exigencia en algunos dosieres. Estas informaciones contienen errores en cuanto a la identificación de las víctimas, a los lugares donde ha sucedido el abuso. Por tanto, tenemos que ser cuidadosos y examinar la calidad de la información y ser muy exigentes como Iglesia de no atribuirnos delitos que nunca se cometieron. Dicho esto, no niego que la Iglesia tenga que afrontar este camino de purificación.

En conclusión, inferir de los casos de abusos el lema «Iglesia abusadora» me parece injusto.

–¿Es incompatible esta comisión con la encargada por el Gobierno al Defensor del Pueblo para estudiar los abusos? ¿Se va a colaborar mutuamente o se va a participar de alguna en la otra comisión?

–Percibo que hay una suerte de competición entre la Comisión del Defensor del Pueblo y el encargo realizado a nuestro despacho, y no entiendo muy bien por qué se produce. Son dos cosas muy distintas.

En primer lugar, el nuestro es un encargo, no se ha creado una comisión. Es un encargo de la Conferencia Episcopal Española a un despacho profesional, y ese despacho profesional lo ha recibido como mejor ha entendido: como una auditoría al servicio de la Conferencia Episcopal, independiente, objetiva y rigurosa. Lo que se ha puesto en marcha desde otros ámbitos del Estado es una cosa muy distinta e inédita atendiendo a los estudios comparados: aprobar una proposición no de ley que investiga a la Iglesia. En Francia no hubo una proposición no de ley que investigase los abusos en la Iglesia, porque la Iglesia es un sujeto de derecho internacional.

Más allá de eso –y las cuestiones que podrían cuestionar la validez jurídica–, lo cierto es que en el Gobierno español hubo una primera proposición no de ley que pretendió crear una comisión parlamentaria de investigación. Esta proposición no de ley venía suscrita por tres grupos parlamentarios: Esquerra Republicana de Cataluña, Podemos y Bildu. Si no recuerdo mal, esa proposición no de ley quedó varada, pues fue votada en contra por los demás grupos parlamentarios y no se aprobó. Sin embargo, había otra proposición presentada antes de que se rechazase la anterior –y que probablemente guardara relación–, suscrita por el Grupo Parlamentario Socialista y por el Grupo Parlamentario del Partido Nacionalista Vasco, y que es ciertamente curiosa, pues encomienda al Defensor del Pueblo la investigación de los abusos en el ámbito de la Iglesia. Finalmente, esta es la que se aprobó.

El Defensor del Pueblo tiene una misión en nuestra Constitución de tutor de los derechos y libertades de los ciudadanos, y el objeto de su investigación se ciñe sobre los poderes públicos del Estado. De ahí que poner al Defensor del Pueblo al frente de esta investigación respecto a una entidad que no es un poder público del Estado crea fricción con la propia Ley Orgánica que regula al Defensor del Pueblo. Sin embargo, esto nadie lo ha puesto de relieve. Lo cierto es que se ha aprobado esta comisión y desconozco ahora mismo en qué estado se encuentra. Lo cierto y verdad es que es algo inédito y que pase inadvertido, porque no deja de ser también una discriminación.

Sinceramente, aunque creo que esta Comisión del Defensor del Pueblo no va en perjuicio de lo que tiene que hacer la Iglesia, sí me gustaría hacer un análisis al hilo de su pregunta. ¿Se imagina alguien que el Congreso de los Diputados aprobase una proposición no de ley para investigar a un grupo étnico o los delitos que puedan desarrollarse en un grupo étnico? Sería inadmisible y estaríamos hablando, quizá, de racismo. Sin embargo, esto se ha hecho con la Iglesia. Como digo, esto no perturba en absoluto nuestro trabajo profesional, y le estoy respondiendo a esta pregunta como jurista, desde un punto de vista jurídico.

En este contexto, que parece una suerte de competición, nosotros estamos a lo nuestro, y el Defensor del Pueblo que cumpla con su mandato de la mejor manera posible. En este sentido, no tengo nada más que decir. Nosotros cumplimos con nuestro trabajo al margen de esto.

Respecto a la colaboración mutua, quiero aclarar que nosotros respondemos ante la Conferencia Episcopal Española y no tenemos una interlocución directa con el Defensor del Pueblo ni la vamos a tener, pues no tendría sentido.

–Como cristiano comprometido, ¿cómo vive tocar

tan de cerca el dolor de las víctimas? ¿Ha hecho esto tambalear de alguna manera su fe o su confianza en la institución?

–Mi fe no se tambalea por esto, pero sí que esta realidad me conmueve diariamente. Y no solo me conmueve, sino que aprendo cada día de todo este proceso. Está siendo una lección diaria y constante, y creo que esta labor de escucha de las víctimas y de las personas que han estado cerca de las víctimas –escucha a la que se refería el padre Zollner– me parece que es muy importante.

Hace unos días, algunos sacerdotes se pusieron en contacto conmigo por un caso que teníamos identificado en que estos sacerdotes habían acompañado a la víctima en el tratamiento psicológico. La habían acompañado durante años y estaban ayudando a hacer una labor excepcional. Fue conmovedor saber por ellos que, por muchos años que pasen, las víctimas tienen su realidad a flor de piel y, a veces, de una manera traumática. Estas situaciones, que no hacen tambalear mi fe, sí me reafirman en el convencimiento como cristiano de la necesidad permanente de conversión y de purificación, porque nosotros somos pecadores, y nuestra naturaleza caída nos obliga a ello.

–Hemos hablado antes de no confundir el todo con la parte. Según datos de la Fiscalía General del Estado, de los 15.000 casos abiertos en relación con abusos a menores, solo 68 están vinculados a la Iglesia. El examen de conciencia que con su trabajo está haciendo la Igle-

sia, ¿podría ser extrapolable a otros sectores o ámbitos? ¿Piensa que esta forma de actuar llegue a contagiar al resto de entornos de la sociedad donde también se producen este tipo de abusos?

–Espero que sí. Este ejercicio que se está haciendo en el seno de la Conferencia Episcopal Española y nuestro despacho en el desarrollo de los trabajos para dar cumplimiento a este cometido podría ser objeto de imitación.

Esos datos de la Fiscalía General del Estado son datos que se corresponden con los de la Fundación ANAR, que se hicieron públicos y en donde se reflejan los ámbitos en que el problema es mucho más amplio. El ámbito familiar es donde se produce el mayor número de abusos. También en centros de acogida. Sorprenderían los casos en el ámbito deportivo y en ciertas especialidades deportivas. La anterior Fiscal General del Estado, María José Segarra, y yo vivimos este informe muy de cerca. Ella encargó a todos los Fiscales Superiores –los Fiscales Superiores son los fiscales territoriales que tienen la jefatura de la fiscalía en las Comunidades Autónomas–, a través de una circular, la recopilación de información de todos los casos de abusos sexuales en España, sin distinción. Esos datos no están en poder de la Fiscalía General del Estado. La actual Fiscal General del Estado, María Dolores Delgado, ha girado una circular solo ceñida a los casos de abusos cometidos por la Iglesia. Es la misma Fiscalía General del Estado la que hace dos semanas cuestionó nuestra independencia en un informe supuestamente reservado que filtró un medio de comunicación. Sinceramente, creo que respecto a la información que a veces se publica hay que tener muchas reservas en cuanto al rigor.

–¿Qué tiempos y plazos manejan para el conocimiento de casos directos? Tengo la impresión de que algunas víctimas escriben, caen en el limbo del silencio y nunca reciben respuesta.

–Nosotros hacemos el seguimiento de todas las denuncias identificadas en el seno de la Iglesia desde que se pusieron y de todas las incidencias derivadas hasta el momento actual. Cuando hablo de incidencias, me refiero a las que dio lugar la denuncia y, por tanto, si a resultas de una denuncia conocida –sin que tenga que ser una denuncia formal, sino únicamente la puesta en conocimiento al obispo o a alguien en el entorno de la diócesis o de la congregación– dio lugar a actuaciones o no. Y si dio lugar a actuaciones, a la apertura de una causa canónica, si fue una apertura de un proceso administrativo penal o si se dio traslado al orden civil.

Lo que hemos podido constatar es que las denuncias de las que formalmente se tiene conocimiento han dado lugar a actuaciones en todos los casos. Si detectáramos casos en los que haya disfunciones en este sentido, tendremos que ponerlo de manifiesto. Esta es la labor de prospección que se nos ha encargado.

–¿Cuál es el montante del encargo que les ha hecho la Conferencia Episcopal Española?

–Es una pregunta muy sencilla de responder, porque

la hoja de encargo está publicada en la página web de la Conferencia Episcopal Española y en la del despacho, para cualquiera que tenga a bien consultarla, y fue pública para los medios. Lo que aparece en esta hoja de encargo es que el trabajo lo hace el despacho Cremades & Calvo-Sotelo, pero, por expreso deseo del presidente de la firma, no se reflejan los honorarios profesionales.

3

EL RELATO DE LAS VÍCTIMAS DESDE LA EXPERIENCIA DE LA ESCUCHA

Lidia Troya
coordinadora de la atención
a las víctimas de abusos
Proyecto Repara

Debo confesar que, pese a mi estatura (1,83 m), ante ustedes me siento pequeñita. Mirando a quien tengo enfrente, queridos reverendos, autoridades, superiores, directivos…, me nace decir aquello de «¿cómo es que la madre del Señor viene a mí?». Ante ustedes, una mujer joven, con vaqueros… Deseo darles las gracias por contar conmigo en este foro, con Repara, y por darme la palabra, aunque he de decir que hoy mi voz no es lo importante. Y tampoco lo es Repara. En este relato, que voy a dividir en tres partes, hay muchas voces.

Voces que me han ayudado a componer este discurso polifónico. Voces que, a menudo, han sido silenciadas, desoídas, incomprendidas, cuestionadas… Ellas son las importantes. Yo, con absoluto respeto, en esta mañana tan solo querría ser algo así como una caja de resonancia del sufrimiento, a menudo inimaginable, de las personas que han sufrido abusos. Pero no solo por el daño causado, sino por el modo en que, como sociedad, como entorno próximo y como Iglesia nos hemos situado, añadiendo, a menudo, dolor al dolor. Es sorprendente el gran número de víctimas que han sentido mucho más sufrimiento por el tratamiento recibido de la Iglesia que por el abuso que padecieron.

Quisiera también dar que pensar y dar esperanza. En Repara constatamos que, cuando una persona que ha sufrido abusos es creída y cuenta con los apoyos necesarios, vuelve a la vida, deja de ser víctima para convertirse en superviviente.

Vengo, por tanto, en calidad de testigo. Testigo privilegiado después del encuentro en estos tres años con más de 250 personas que han sufrido abusos. Testigo de la miseria, del horror y de la capacidad de rehacerse del ser humano. Y me sale decir, como al apóstol, «aquello que hemos visto y oído os lo anunciamos».

Os lo anuncio como buena noticia, porque la escucha, el encuentro con las víctimas de la Iglesia, me ha hecho bien, nos hace bien y nos da luz. Yo no sé cómo os sentís, pero hablar de abusos, y más en el seno de la Iglesia, es incómodo e incomoda. Hay quienes los niegan, hay quienes creen que son cosa del pasado –«¡para qué remover!»–. Hay quienes apuntan a la víctima como responsable –«¡algo habrá hecho!»–. Hay quienes se sienten avergonzados o incluso agredidos. Este es un tema denso, porque, además, engarza con el tabú de la sexualidad y engarza también con el poder degenerado.

Por ello, al comienzo, os invito a un momentito de pausa, de desconexión, de interiorización, para recorrer el propio camino de consciencia.

[Pausa]

Voy a pensar en mí misma hace unos años; en mí misma y en el equipo de Repara también; en mi propio proceso de evolución. Mirad. El tema de los abusos era para mí un tema desconocido. Es verdad que había oído hablar, llegaban cosas que ciertamente provocaban en mí distintas reacciones, que además tenían que ver con mis propias heridas. Había leído, había estudiado sobre el tema, había oído magníficas conferencias –entre ellas, las de Zollner y Daniel Portillo– y empezaba a tenerlo todo claro, clarísimo. ¡Qué alivio!, ¿verdad? Sentía, de repente, que lo tenía todo claro hasta que escuché el relato de las víctimas. Y ahí ya nada era tan claro.

La escucha, la de verdad, de la que hablaremos en la segunda parte, es como el tacto. Te toca, te afecta, te cambia. Cuando puse a las personas abusadas en el centro y me asomé a su realidad concreta, entendí que no sabía nada. En el equipo de Repara entendimos que no sabíamos nada.

Por eso vamos a comenzar escuchándolas. Porque antes de pensar, antes de hablar, hay que recibir, hay que mirar, hay que escuchar. Y antes de actuar hay que dejarse, pues, tocar por el otro. Estas palabras que se van a proclamar a continuación no son elucubraciones, ni hipótesis, ni teorías que se puedan poner en duda ni debatir. Son la realidad de las personas que han sido vulneradas.

La escucha de las víctimas

Queridos, os invito a descalzarnos, a vaciarnos, a dejar las ideas preconcebidas, para dejarnos tocar por lo que han vivido y tantas veces no hemos escuchado ni escuchamos.

Testimonio 1
«Eres víctima y, a la vez, te consideras cómplice, y te das asco a ti misma. Hasta que ocurrió era una persona de absoluta confianza, le había contado cosas que no me había atrevido a decirle a nadie. Mi cabeza me decía que aquello no estaba pasando, aunque me esforzaba, lo negaba, porque él no podía estar abusando».

Testimonio 2
«Me acusaban de un pecado de victimismo. El sacerdote que me acompañaba me decía que tenía que perdonarlo; que pensara en las consecuencias que tendría para mi familia y para la Iglesia revelar los abusos que estaba padeciendo; que iba a hacer daño a mis padres, que ya son mayores, que qué necesidad. Y en mi dolor, ¿quién piensa?, ¿quién se hace cargo? Cada vez que lo veo en los acontecimientos familiares me siento agredida. A veces disimular se convierte en una forma de vivir. ¡Que no se note!, ¡ni para bien ni para mal! Fingí durante veinte años en la cama con mi marido».

Testimonio 3
«He sufrido todo tipo de abusos desde que decidí dejar mi país y venir aquí movida por la idea del seguimiento de

Cristo. Mi núcleo de creencias a las que yo me he entregado fielmente se ha diluido, y yo en él. Tras más de veintiocho años en la clausura me he quedado sin soporte espiritual, emocional y material. No tengo casa, ni formación, ni trabajo. Después de tanto tiempo, ni siquiera me han arreglado los papeles de extranjería».

Testimonio 4
«La persona que abusó repetidamente de mí sigue siendo religiosa en la congregación. Es muy admirada, tiene cargos y mucho poder. Yo salí hace seis años y desde entonces estoy en terapia».

Testimonio 5
«Era mi confesor. Cuando le dije que el beso que me dio me hizo sentir confusa, me dijo que no había pasado nada y que lo que ocurría es que mi mente estaba sucia y que, en realidad, era mi deseo el que me confundía. Estuve teniendo sexo con él diez años».

Testimonio 6
«Me daba mucha vergüenza compartir lo que había pasado. El exterior, el entorno, la sociedad, genera algo que te señala a ti. ¿Por qué no me defendí?, ¿que tenía que ver yo con lo que ocurrió?, me preguntaba».

Testimonio 7
«Nunca se podía contradecir a la Madre ni en un tema trivial. Cuando le decía algo en este sentido, ella siempre contestaba: "¡Eso no es propio de ti!, ¡tienes que rezar más!" Me decía también que mirara al resto, que no era

para tanto. Tampoco podía hablar con nadie, porque incluso entre nosotras había cierto aislamiento. Yo quería una vida entregada, una vida grande. Con tal de estar allí hasta sería infeliz. ¿Dónde he aprendido yo que eso es amor y entrega a Dios?».

Testimonio 8

«Solo pensaba en suicidarme. Mi padre me decía que, si me quedaba embarazada o yo le denunciaba, él se mataría o mataría a mi madre».

Testimonio 9

«La comunidad ha reaccionado con enfado, cerrando filas en torno al abusador, incluso con el mensaje de que nos estábamos ensañando, que lo dejáramos en paz. Ni siquiera han escuchado nuestra versión de los hechos. El denunciante no solo se enfrenta a su presunto abusador, sino a toda la comunidad, recibiendo el rechazo y hasta la exclusión del grupo. ¿No es esto un signo de que hay una comunidad enferma?

Testimonio 10

«Si no dan importancia ni credibilidad a nuestro relato, ¿cómo vamos a dar el paso difícil de salir del anonimato? Estamos llenos de temores, miedos y vergüenzas. Si no hay denuncias, no es porque no haya habido abusos, es porque el tratamiento que vamos a recibir resulta más doloroso que el propio abuso».

Pues aquí ya podríamos acabar, ¿verdad? Esto también es palabra sagrada, historia sagrada. Son las voces de personas que han sufrido abuso sexual en la familia y en la Iglesia, siendo menores y siendo adultas, y también abuso de conciencia, o espiritual, en la Iglesia.

Detrás de cada voz hay un nombre propio: Fernando, Inés, Claudia, Alfonso, Laura, Charo, Elvira, Santiago, Anabel, Marta, Cristina… Detrás de cada voz hay una vida rota.

Me detendré ahora en algunos aspectos, algunos de los cuales ya ha mencionado Zollner, que nos ayuden a comprender mejor esta realidad de los abusos y la vivencia de las víctimas. También pretendo que nos den que pensar, siempre desde la voz cualificada de las víctimas. Ellas han de ser siempre, siempre, el punto de partida de nuestras acciones y reflexiones posteriores.

Las tres heridas

En los abusos hay poca poesía pese al maravilloso poema de Miguel Hernández «Llegué con tres heridas». Hay quien dice que los abusos sexuales constituyen la cima del Everest del sufrimiento humano.

El nivel de daños es muy profundo; es decir, que no es algo sin importancia fruto de un desliz o de un escarceo. Y más cuando los abusos han sido provocados por alguien cercano, del círculo de confianza que servía de referencia para la víctima.

Podemos hablar de tres heridas que se producen en las víctimas: una herida cognitiva, una herida emocional –con su consiguiente impacto traumático– y, en el caso de los abusos vinculados al seno de la Iglesia, se produce también una herida espiritual.

El papa Francisco habla de tres pulsiones de muerte, de *thánatos*. Y es que los abusos destrozan la vida de la persona, deterioran la imagen de la Iglesia y distorsionan la imagen de Dios.

Una de las experiencias que aparece como común denominador en los testimonios que yo escucho, y a la que también se refería a Zollner, es la ausencia de Dios, junto con la sensación de rabia y de abandono. Y no es de extrañar. La experiencia es aún más dolorosa cuando hay una identificación entre el agresor –sea un sacerdote, una persona consagrada o quien sea– con Dios. Esto es terrible. Porque es como si Dios en su identidad sufriera también un abuso de manos de las personas perpetradoras.

Hay a quienes la fe les ha arrojado al mismo infierno, ¿quién restaura esa confianza? Hemos hecho una teología después de Auschwitz. Nos preguntábamos si se podía creer en Dios, pero ¿se puede creer en Dios después de los abusos en la Iglesia?

Yo creo que todos tenemos que ver con esta pregunta. Sin embargo, por otro lado, y nos lo dirá después Luis Alfonso Zamorano, nos encontramos con personas que han sufrido el abuso, y en estos casos la fe, el trato recibido de lo que las víctimas llaman «la otra parte de la Iglesia», les ha ayudado. Les ha ayudado a sanar de manera integral, a releer, a resignificar e incluso a honrar, la propia historia.

Un duelo prohibido: incomprensión, sufrimiento y soledad

La supervivencia de una persona que ha sufrido abusos está llena de tiniebla, de silencio y de una terrible soledad. Pensemos que la mayoría sufre los abusos sin revelar nada a nadie. Y en el momento en el que quizá se atrevieron a hacerlo no fueron escuchadas ni creídas.

Las víctimas han vivido a menudo con la incomprensión. Incomprensión de sus propias familias, incomprensión del entorno, incomprensión de la sociedad, incomprensión de las comunidades religiosas, etc.

Además del daño producido, se ven en la obligación de vivir un duelo prohibido, un duelo desautorizado, o sea, no vivible, secreto, innombrable, porque se ha construido una cultura del silenciamiento y del encubrimiento que todavía no acaba de marcharse.

Decía una persona que «en su familia, bajo el disfraz de familia religiosa perfecta, todo el mundo lucha por que todo siga igual». Mejor no hablar. Le rompe la falsa normalidad.

Confusión, culpa y vergüenza

A menudo –lo decía un testimonio en el proceso del abuso–, la persona asume etiquetas que le cuelga quien abusa de ella o el entorno, y que son desconcertantes. La confusión, la culpa que señala a la víctima, la duda y la vergüenza están muy presentes. Y es que tendemos a responsabilizar, quizá de una manera inconsciente, a quien recibe el daño del propio daño recibido. Y en las víctimas de abuso también ocurre.

Juanita, cuando cuenta algo... «pero ¿cómo lo has permitido?, ¿cómo es posible que tú, con tres carreras, cuatro idiomas, con tus capacidades, tu personalidad, digas que abusaron de ti?, ¿no eres tonta?, ¿sabías dónde te estabas metiendo?, ¿por qué no te fuiste?, ¿por qué no le partiste la cara?», etc. Estos son los testimonios que yo escucho a diario. Quizá, el único delito en que la persona agresora se siente inocente, y la víctima, culpable, es precisamente en los abusos sexuales.

«En nombre de Dios»: el abuso espiritual

Lo cierto es que los comportamientos abusivos son mucho más amplios que los delitos sexuales de los que empezamos a tomar conciencia, en la sociedad tanto como en la Iglesia.

En Repara constatamos que el abuso de autoridad y de conciencia que se da en un contexto religioso, en un contexto de acompañamiento espiritual, y que se sustenta en una supuesta autoridad divina, tiene también repercusiones muy dañinas para la persona que lo sufre. Precisamente, el otro día alguien me decía: «Hay quien cree que lo peor es el abuso sexual, pero nadie sabe hasta qué punto la violación del alma te destruye por completo, porque ataca lo más íntimo y sagrado de tu ser».

En el abuso de conciencia, la persona que abusa toma el lugar de Dios. Ha hablado también antes Zollner del clericalismo: en lugar de hacer la obra del Señor, dice una amiga, parece que algunas personas son el Señor de la obra. Y desde ahí se manipula, se anula la libertad y la conciencia.

El siguiente testimonio recoge alguno de los síntomas de este tipo de abuso. Es de una persona que ha sido religiosa durante veinte años:

Testimonio 11
«Nos infantilizan para que aprendamos a obedecer. Sus palabras, las de la Madre, siempre nos generaban culpa y miedo. Había que adherirse incondicionalmente al pensamiento único de la comunidad. Si no, eres infiel al Espíritu y tienes que convertirte. Pero ¿y lo que yo soy, lo que llevo dentro? En los últimos años he vivido esta tragedia: dos miradas diferentes sobre mí. Una, la de mis superiores, y otra, la de Dios en mí. Me amoldaba a la situación para encajar porque había que ser de una determinada manera, pero de tanto negarme he enfermado y ya no sé quién soy ni lo que Dios quiere de mí».

¿Somos conscientes en la vida religiosa de que este tipo de abuso existe? Otra persona decía que es importante visibilizar este tipo de abuso, porque uno de los problemas

–decía ella– es tomarlo como algo que forma parte natural de este tipo de vida.

Aquí convendría decir que los abusos no solo tienen un eje personal –no es una cuestión de una persona sola–, sino que también tienen un dinamismo estructural que se nutre y se alimenta, como decíamos, del ejercicio del poder degenerado. Y en esto Daniel Portillo es experto. Él usa un término que llama «fenómenos eclesiopáticos» o «eclesiopatía» para decir que hay acciones, hay dinámicas anómalas que, sin ser comportamientos sexuales, dentro de la vida de la Iglesia pueden detonar en situaciones de abuso.

La (in)justicia: «Si decides denunciar, empieza otro calvario»

Junto a la verdad nos damos cuenta de que la justicia es necesaria para hacer efectiva la reparación a quienes han sufrido algún tipo de abuso; pero, si decides denunciar, empieza otro calvario.

No son pocas las veces que, en los procedimientos, o en el modo en que se toma declaración, se produce también una revictimización. La famosa «revictimización». Y es que la víctima se siente aún más juzgada, culpada, interrogada… en lugar de ser escuchada.

Una persona que se atrevió a denunciar decía:

Testimonio 12

«Ha sido un auténtico calvario. Parecía que era yo la que tenía que demostrar lo que me había ocurrido. Me llamaron no sé cuánto superiores, incluso desde Roma, forzándome a tener conversaciones que ni siquiera quería. Me preguntaban las mismas cosas una y otra vez. Sembrando la duda todo el rato. Emocionalmente fue agotador. Era mejor haber seguido sufriendo en silencio».

Otra decía que, cuando acudió a las autoridades eclesiales, sentía un profundo dolor por lo ocurrido. En la actualidad, tras denunciar, ese dolor se ha acrecentado y se le suma una profunda decepción, desesperación, sinsentido y un hondo sentimiento de rabia y enfado contra las autoridades de la Iglesia: «Por cómo me tratan encima de lo sufrido».

Conviene recordar que los abusos son un delito y no son un simple pecado. No es solo, por tanto, una cuestión del ámbito moral. Y esto es importante, porque, si no cambiamos los conceptos, no vamos a cambiar la asunción de responsabilidad. Denunciar a veces es imposible, porque, además, los hechos no están ni tipificados como delitos en el *Código de derecho canónico*.

Un chico que sufrió abusos por un cura pocos años después de la mayoría de edad –o sea, no era un niño vulnerable, sino que fue una persona vulnerada– con tocamientos por la noche mientras dormía en una peregrinación, me decía para preparar esta conferencia:

Testimonio 13

«Si yo no di mi consentimiento, ¿por qué el atentado contra la dignidad, como ha calificado el papa Francisco los abusos en la reforma del *Código,* es solo para los menores? Con los adultos, ¿por qué es distinto? Se me hace muy incómoda y molesta la definición actual de vulnerabilidad en los adultos».

Parece que los protocolos, aunque se cumplan, no son suficientes, no ayudan a ver cómo tu agresor –decía otra persona– mantiene o recupera su vida pública como si nada.

Testimonio 14

«La verdad solo interpela a quien se deja interpelar» (del testimonio de una mujer de la que abusó su director espiritual).

Hasta aquí los retazos de la vivencia de las víctimas que nos han de llevar a comprender mejor la realidad de los abusos.

Pensad que, para que puedan romper el silencio, para que puedan sanar, las personas abusadas necesitan encontrarse con personas sensibilizadas con el problema del abuso y que sean capaces de escucharlas. Y de acogerlas como merecen y como necesitan.

La escucha atenta: el encuentro con el otro

La escucha es un arte y una artesanía. A escuchar también se aprende. La mayoría de la gente oye. Los menos, escuchan. ¿Dónde estamos nosotros? Ojalá hubiera una pastilla llamada «Escuchabien» que nos arreglara nuestra falta de escucha.

¡Qué bien nos hace! Qué alivio supone contar algo a una persona que realmente te escucha, que realmente te acoge. Sales de los grises a los colores. De repente, tu mundo se llena de color.

Uno solo puede hablar a quien le escucha. Y supongo que también os ha pasado lo contrario: querer contar algo a alguien y que esa persona no esté disponible, que viva sin vivir en ella, que diría santa Teresa. Que si yo te hablo de mi muñeca, tú no me hables de tu bicicleta. O eso de: «Vaya día llevamos hoy: ha muerto tu padre, he perdido mi boli… Vaya día».

Extrapolando al ámbito de las víctimas, ellas callan porque cuando han tomado la palabra no las hemos escuchado. Y hay muchas razones por las que en nuestro día a día no escuchamos, sino que hacemos suposiciones, pensamos en otras cosas –la loca de la casa, ¿verdad?–, cambiamos de tema, juzgamos, discutimos, prestamos atención solo a una parte de la información, damos consejos…

Una de las personas a las que yo acompaño me decía: «Lidia, todo el mundo en este tema parece que tiene una opinión, una solución, una forma de decirte cómo tenías que haber hecho las cosas o cómo tienes que hacer las cosas». Hay una continua exposición de la víctima a la opinión y al juicio de mucha gente. Normalmente tendemos a proyectar. Tenemos etiquetas, prejuicios, ¿somos conscientes de los propios prejuicios?, ¿de los puntos ciegos que tenemos?

«Escuchar» significa parar, bajar las revoluciones, quitar el piloto automático con el que vamos, dejar las respuestas espontáneas y abrirnos. Abrirnos a aquello que va más allá de nuestras propias opiniones. Escuchar no es dar consejos, ni buscar soluciones, ni utilizar frases hechas. Escuchar no es ni siquiera dejar de hablar o no interrumpir. Escuchar es un proceso en el que hemos de ponernos entre paréntesis, hemos de vaciarnos y de silenciarnos. La escucha no solo apunta al sentido del oído, sino también de la visión, de la mirada.

Dice Carlos Pitillas: «Nuestra capacidad de dar respuesta se apoya en nuestra capacidad de ver. El abuso causa una mezcla de horror, indignación, fascinación, repulsión e incredulidad, que, con frecuencia, nos empuja a negar los daños, desacreditar a la víctima o, sencillamente, mirar para otro lado».

La escucha está hecha de mirada atenta, y aquí traigo a una de mis filósofas favoritas, Simone Weil. Ella dice que «la mirada atenta es aquella en la que el alma se vacía de todo contenido propio para recibir en sí al ser al que mira, tal y como es, en toda su verdad». La escucha exige vaciarse de nuestro contenido para recibir a la otra persona, a quien se escucha, a quien sufre. Y en esa verdad es fundamental creer el relato de las víctimas, validarlo y reconocer la historia de sufrimiento que traen.

La escucha es espera, dice Simone Weil, es un esfuerzo negativo, es como un «abstenerse de actuar». La mirada atenta, la escucha, resulta ser la auténtica esencia del respeto, y el respeto es lo que nos hace más capaces de realidad, de proximidad y de bien.

En el proceso de la escucha visitamos el planeta de otra persona y nos hacemos cercanos para comprenderlo, pero sin pretender conquistarlo, sin dominarlo, sin agotarlo. El acompañado, el que sufre, siempre lleva la delantera, y el acompañante le sigue.

Para mí, el encuentro existencial entre dos seres humanos es algo sagrado. A mí me gusta pensar, cuando estoy delante de una persona que ha sufrido abusos, en las palabras de Jesús cuando dice que cuando dos personas se encuentran en su nombre, Dios está ahí. Y esto tiene una traducción muy radical en los espacios de sufrimiento y de duelo compartido. Cuando dos personas –supongo que tenéis también experiencia– comparten su sufrimiento, ahí sucede algo misterioso y, además, lo experimentamos de inmediato: «El otro día, cuando hablé contigo, pues no sé qué sucedió cuando me escuchaste, me ha sentado tan bien, ¡es que me liberé!».

Pero, pese a la poesía y lo bonito, esto no siempre sabemos propiciarlo. El motivo es que existen obstáculos para la escucha activa.

– La ansiedad: miedo a que el otro despierte en mí alguna de mis zonas capaces de «sangrar», porque están heridas.

– La superficialidad: se tiende a generalizar o huir de temas más comprometidos a nivel emotivo.

– La tendencia a juzgar: imponer las propias ideas y decir lo que es justo y lo que no lo es.

– La impaciencia: la urgencia por decir lo que nosotros

pensamos.

– La tendencia a predicar: a proponer enseguida pequeños «sermones».

¿Cuál creéis que es vuestro mayor obstáculo? ¿Cómo te llevas tú con tus deseos de venganza, con tu rabia, con tu tristeza, con tus miedos, con tu fe, con tu increencia? Estas son preguntas para cada uno de nosotros, acompañantes, facilitadores, personas de parroquia, familiares, sacerdotes, religiosas… ¿cómo vives tu sexualidad, tus afectos, tus emociones, tu poder, tu vulnerabilidad y tu propia capacidad de vulnerar?

Responder a estas cuestiones es fundamental porque según respondas afirmativa o negativamente propiciará o no la respuesta de los demás.

Como decía antes, la escucha es como el tacto: te toca, te afecta. Pongamos, pues, el foco en las necesidades de las personas víctimas desde lo que ha ido emergiendo en el encuentro con ellas. Como digo y repito: «Ellas son siempre la voz cualificada que nos van enseñando también cómo responder». Además, añado una segunda columna para indicar cómo puedo ser de ayuda a las víctimas. No son cosas muy concretas, porque, al fin y al cabo, el tono fundamental del dolor de una víctima puede verse amplificado por la manera en que se sitúa en el entorno.

¿Qué necesita la persona víctima?	¿Cómo puedo servir de ayuda?
Que la *crean:* reconocimiento.	Validar y reconocer su historia. No dudar, juzgar o culpabilizar. No hacer preguntas de investigación.
Expresar su dolor: manifestar sentimientos «mal vistos» social o eclesialmente.	Permitamos y acojamos cualquier forma de expresión del sufrimiento, también las «maldiciones» y la apatía. No disuadir ni moralizar.
Seguir su propio proceso: a su propio ritmo.	Adaptémonos al ritmo del que está sufriendo, sin forzar ni recriminar que siga triste. Permitamos hablar o no de lo ocurrido.
Entender lo que le pasa.	Ayudarle en la comprensión –normalizar–. «Es normal porque…». Las víctimas son víctimas y no hablan cuando quieren, sino cuando pueden.

Las víctimas necesitan que las crean. A mí me ha ayudado mucho que me digan «te creo», «estoy contigo», «no estás sola en esto». No somos conscientes de la gran carga de alivio que suponen estas palabras. Por tanto, haremos bien si no dudamos, si no juzgamos, si no culpabilizamos. Las personas con las que yo me he encontrado en Repara

–y con las que el equipo de Repara se encuentra a diario– no quieren contarlo. Solo quieren sanar. Las personas no quieren venganza, no quieren denunciar, no quieren acusar, no quieren visibilidad mediática. Por regla general, solo quieren sanar, vivir, dejar de estar alerta.

Nos dice alguna persona: «No tengan miedo a las víctimas. La mayoría no vamos buscando mediatizar nuestro caso o ver de qué manera le podemos sacar un pellizco económico a la Iglesia. Solo necesitamos acogida empática en un espacio seguro que genere confianza. Solo pedimos escucha atenta, credibilidad, acompañamiento, ofrecimiento, cariño, disponibilidad… Todas estas cosas ni siquiera son cosas materiales».

Otra dice: «Necesitamos que crean en nosotras y que no nos miren como un peligro para la Iglesia. Que queramos hablar claramente del daño que nos ha infligido no significa que no la amemos o que vayamos en su contra. Tenernos en su casa es un privilegio para ella, cuenten con nosotras, por favor. Cualquier enfermedad, si no hablamos de sus síntomas, nos terminará matando».

Las víctimas necesitan el reconocimiento oficial del sufrimiento padecido. Y cuando digo «reconocimiento oficial» no estoy hablando del público, mediático. Nosotros, en Repara, constatamos lo importante que es que un representante de la institución acoja y pida perdón a la víctima. Porque yo, Lidia Troya, lo hago en nombre de la Iglesia, pero como diría mi abuela, «Yo no soy *naide*». Por tanto, creer a la persona, reconocer la historia de sufrimiento que trae y responsabilizarse del daño causado es reparador. Sin embargo, esto no se da siempre en los procesos de acogida de víctimas.

Las personas necesitan expresar su dolor. Permitamos la ira, el sentimiento de venganza, permitamos el asco, todos esos sentimientos mal vistos social y eclesialmente. No hay emociones negativas, todas las emociones son legítimas y humanas y tienen una función importante en la sanación.

Necesitan también seguir su propio proceso, y es muy importante que respetemos sus ritmos. Permitamos que hablen de lo ocurrido, una y otra vez, sin intentar disuadirles o cambiar de tema. Y permitamos también el silencio. No estemos continuamente preguntando: «¿Y cómo estás?», «¿y cómo estás hoy?», «¿y cómo estás?»…

Las personas que han sufrido abusos necesitan entender lo que les pasa. Para ellas es muy difícil hacerlo. A mí me dicen que yo no entiendo cómo ha estado cuarenta años sin decirlo. Imaginad cuánto dolor se añade también.

Hay mucha recriminación interna en las víctimas, animemos a la persona para que tenga paciencia, seamos pacientes. Nosotros también, no le exijamos. La presión propia y ajena siempre estorba para los procesos de sanación, y por último necesitan también apoyo. Tener una red es fundamental, una red familiar, una red comunitaria, en una comunidad religiosa. Me decía también una persona el otro día: «Se pasa muy mal, pero ya no estoy sola, y eso es una gran diferencia».

Además del apoyo moral y de las personas o espiritual, también las víctimas necesitan apoyo económico; por favor, ¿quién se hace cargo de las terapias, de los procesos jurídicos? Gracias, Porticus. Gracias, Irene, que estás aquí.

Y aquí no está recogido, pero las víctimas también necesitan procesos jurídicos y canónicos justos; ya hemos hablado en el otro apartado que las posibilidades de acceso a instancias pertinentes para las víctimas son muy difíciles.

¿Qué no decir?

Cosas concretas. Ya hemos visto que las palabras –todos tenemos esta experiencia– nos liberan o bien se convierten en cárceles, nos condenan. No digamos este tipo de frases repetitivas: «No llores», «no digas eso», «no te enfades», «no seas tan negativa», «todos tenemos problemas», etc.

Si estamos ante un menor, no le digamos: «Eso te lo estás inventando», «no digas tonterías», «no será que confundiste esa muestra de cariño», «ya ha pasado mucho tiempo de eso para que sacarlo ahora, olvida, pasa página, deberías haberlo contado en su momento», etc., porque yo os digo que si un menor habla de la pistola de leche de su abuelo o de su monitor, hay que creerle, evidentemente.

Las víctimas son víctimas y no hablan cuando quieren, hablan cuando pueden. Son tan graves las secuelas que les bloquean durante años. Es verdad que, aunque el tiempo pase, las heridas y el dolor nunca prescriben.

«Tú reza, verás como Dios te ayuda», «Dios así lo ha permitido». Estas expresiones las extraigo de la escucha de las víctimas. ¿Cómo nos suenan? Realmente, este tipo de cosas son las que les decimos a las víctimas. Sí, esto es lo que les decimos: «Menudo papelón», «vaya bombazo», «bueno, tú reza», «deberías hacer un esfuerzo», «es el destino, hija mía», «hijo mío, es el destino», «tienes que seguir yendo a misa, porque ahora no te puedes perder», «tienes que reconciliarte con la Iglesia, porque la Iglesia es mucho más de lo que te ha pasado», «a ver, que es que la fe cristiana va de eso, de perdonar», «no puedes quedarte atrapada en esto». Evitemos mejor los «tienes que…», evitemos los «deberías…».

También decimos cosas como estas: «Mira, es mejor que no digas nada, porque al fin y al cabo es que los trapos sucios se lavan en casa», «¿no irás a denunciar?», «no sabes el daño que harías a la Iglesia con este escándalo». Sin embargo, el gran escándalo es que haya personas que son víctimas, no la denuncia.

«El tiempo lo cura todo». Pienso que lo que cura el tiempo son los jamones. Lo que realmente cura es lo que tú hagas con tu tiempo.

También tenemos expresiones que en los oídos de las víctimas suenan a fórmulas hechas, a un discurso muy manido: «No queda otra que aguantar», «somos solo un 0,2 %, fuera hay más: los abusos intrafamiliares». Aunque los abusos en el seno de la Iglesia sea solo un 0,2 % merece toda nuestra atención; esto no esto, es una sugerencia, no uséis estas palabras, porque añaden dolor a nuestro dolor.

Esto es lo que no hay que decir. Entonces, ¿qué decimos? Pues no lo sé. No lo sé y quizá sea cuestión de «no decir» más que de «qué decir», y, si decimos, es cuestión de acertar con el «cómo». En el fondo se trata de transmitir en una primera escucha apoyo, expresar clara y conscientemente que «estoy a tu disposición para cualquier cosa que necesites: ¿quieres que busquemos ayuda?, estoy aquí si necesitas desahogarte». Validemos el dolor, expresemos con gestos si no salen las palabras; a veces es cuestión de estar en silencio y de llorar juntos. No son pocas las veces en que me he quedado –me emociono si lo pienso– en silencio, y hemos llorado juntos ante el horror. Esto es terapéutico, no se necesita en un primer momento más, quizá. De hecho, hay una persona que me dijo:

Testimonio 15
«En principio, yo no necesito que me digan mucho, salvo que yo lo pida, porque entonces sí, necesitaré que me digan; y entonces expresaré lo que necesito. Necesito que sus gestos, su lenguaje no verbal, sus pequeñas expresiones verbales, me inspiren confianza. Esto, para mí, es la puerta de entrada a mi casa interior».

¿Qué no hacer?

Claramente, seguir abusando. ¿Qué actitudes pueden continuar con el abuso? En primer lugar, mirar hacia otro lado y no posicionarse claramente al 100 % con las víctimas. Y no nos posicionamos completamente del lado de las víctimas con los «peros», «los otros lugares de abuso», etc.

Continuamos con el abuso cuando comparamos caso y minimizamos el daño de algunos. Para la persona que vive el abuso no hay dolores mayores que otros. Aunque solo haya sido un roce, la herida no es proporcional al roce o a la penetración.

Seguimos prolongando el abuso cuando hablamos y hablamos de las víctimas, no con ellas.

Gran daño hace a las víctimas pedir avales y cláusulas. Todavía recuerdo a un señor enorme, mucho más que yo, un chico joven, con una carpeta con sus avales. Yo le dije: «¿Qué traes ahí?». Me contestó: «Son los avales de las treinta personas que han firmado afirmando que yo he padecido un abuso». Él venía con eso porque ya había ido a tantos lugares donde le pedían avales. Yo le dije: «Yo te creo, no necesito que me muestres nada». Y esa persona gigante de repente se encogió en la silla, empezó a llorar y se hizo una cosa pequeñita, pequeñita. Otra práctica contraproducente es hacer firmar cláusulas de confidencialidad. Algunos despachos las hacen firmar.

Relacionada con esto, lo que no se debe hacer es violar la confidencialidad. Hay alguna religiosa que dice: «Ha manoseado mi historia, porque yo se lo he contado a esta hermana y esta hermana se lo ha contado a la priora, como si yo no tuviera 40 años y pudiera elegir a quién contárselo».

Continuamos con la situación de abusos cuando opinamos alegremente, cuando damos por supuesto cosas, cuando hablamos de lo que no sabemos ni se sabe.

Finalmente, por terminar con otro ejemplo, es muy incómodo para la víctima cuando miramos con lástima, cuando la tocamos, etc.

Como colofón a todas estas actitudes que perpetúan en el tiempo el dolor del abuso añadiré dos prácticas habituales con las que hemos de tener mucho cuidado. En primer lugar, ¡ojo con la burocracia del abuso!: someter a la persona a diversos interrogatorios, tardar mucho tiempo... La espera duele mucho. Además, existen prácticas burocráticas no transparentes, como no informar de los procesos cuando hay religiosos o sacerdotes, o informar en latín, por ejemplo: una persona recibe una carta de «no sé qué dicasterio» con una sentencia en latín. ¡Entiende tú el latín!..., pero en perfecto español decía que debía abonar dos o tres mil euros por los costes.

En segundo lugar, prevenir lo que yo llamo «el solucionismo». Cuidado con querer solucionar la vida de la persona sin contar con la persona. Porque, de repente, parece que hay un oráculo –que no es el de Delfos, sino el del superior o la superior iluminados– que a ciencia cierta sabe lo que te conviene. Ojo con el uso de la varita mágica, porque en esto no hay recetas, no hay soluciones, no hay tips. Soluciones como: «Busca otro convento, otra cosa». Esto lo han dicho personas de Roma. En este «solucionismo» no es prudente ir solos o por libre: «Esto lo gestiono yo, que tengo un ratito libre esta tarde», hacer una oración, una llamada, una confesión, un exorcismo... Necesitamos un equipo de profesionales, porque con el dolor de las personas no se puede jugar. Algunas víctimas hablan del escape room: experimentar terror al ser recibido en una sacristía por un señor con *clergyman,* más aún cuando lo que vas a hacer es denunciar el abuso de un sacerdote.

¿Qué hacer?, ¿volver a lo mismo? Pues es difícil encontrar recetas. En Repara estamos aprendiendo a caminar desde la escucha. En Repara vamos con la L puesta. Nos presentamos armados de lo que sabíamos, y nos dimos cuenta de que no sabíamos nada, y estamos aprendiendo desde lo que las víctimas nos enseñan.

Querida Iglesia, Madre y Maestra, dejémonos enseñar y humanizar por las víctimas. Lo que adviene es inaudito y emerge del encuentro, y la escucha debe ser garante. En esta escucha relucen las preguntas que las víctimas hacen a la Iglesia: «¿Por qué ha ocurrido», ¿por qué el silencio de los buenos?», «¿por qué se ha negado?», «¿por qué se sigue actuando mal?», «¿por qué parece que se reacciona desde las denuncias que vienen desde fuera por la presión de los medios y no por convencimiento?», «¿por qué no se revisan suficientemente las prácticas y las relaciones de poder en la formación del clero y en la vida religiosa?». Todas estas preguntas –y otras muchas más– son Palabra de Dios, porque son las palabras de las víctimas… Por tanto, por favor, incorporadlas en vuestras oraciones y ejercicios espirituales.

Hacia la tierra prometida

Pese a la gravedad del asunto, quisiera transmitir que hay también lugar para la esperanza. Las propias personas afectadas nos dicen que los abusos son como un tatuaje, que no se puede borrar. El cuerpo lleva la cuenta de lo sucedido y no se puede deshacer, pero con los apoyos necesarios sí que se pueden tratar las huellas del trauma en el cuerpo, en la mente y en el espíritu.

En Repara, a través del acompañamiento, somos testigos privilegiados de los caminos de sanación de las personas afectadas cuando cuentan con el reconocimiento y con los apoyos necesarios. Personalmente, debo decir que a mí Repara me reconcilia, paradójicamente, con la Iglesia. Me enseña a contemplar también esa parte impresionante del ser humano que es la capacidad que tienen algunas personas de sufrir y de reponerse. De volver a abrirse por completo: abrir por completo el corazón a otro ser humano. Reconectar. Esto es muy impresionante. Ciertamente, hay testimonios de absoluta resiliencia que, pese al horror, nos permiten seguir avistando la tierra prometida.

He aquí algunos:

Testimonio 16
«Hoy, muy pasados mis cincuenta años, veo mi vida de sufrimiento y abusos, espiritual y sexual, con serenidad y aplomo. Consciente del recorrido que he podido hacer, semejante al que hacen los atletas paralímpicos. Me he trabajado, y mucho. He encontrado personas y profesionales que me han sabido acompañar y proporcionar herramientas para salir de este pozo terrible que me llevaba a no querer vivir.

El horror, el miedo y el dolor han golpeado, durante años, mi vida. La reparación ha sido dolorosa. Cruzar el desierto ha sido una misión ardua, pero doy fe de que al otro lado está Jericó. Si es posible entrar en la tierra prometida, deseo dejar de ser víctima para convertirme en superviviente, y desde ahí poder revivir. Aunque los abusos sexuales someten, alienan y corrompen a toda persona abusada, esta alberga en su seno creencias, anhelos y esperanzas a partir de los que es posible volver a renacer.

No basta con presenciar estos caminos de sanación ni con dar pautas de acción ante el sufrimiento de las personas que han sido abusadas. Como dice una pensadora: «Somos responsables no solo de la pureza de nuestra alma, sino de la forma del mundo, de la Iglesia que habitamos». No habrá menos abusos porque se hable más de ellos –como estamos haciendo aquí, en estas conversaciones–, sino porque lideremos una auténtica conversión personal de cada cual, una conversión, además, comunitaria y eclesial, tanto en los procedimientos como en las estructuras a las que se refería Zollner.

La religión significa estar atento, despierto, velar por lo sagrado, cuidar la vida. Hemos de tener esta mirada atenta sensible y vigilante, que sepa acoger y escuchar a las víctimas, pero que también sepa identificar aquellas actitudes «eclesiopáticas» que favorecen los abusos para potenciar la prevención.

Epílogo

Concluyamos, como no podía ser de otra forma, con las palabras de una persona afectada. Cuando me pidieron que yo pronunciara esta charla, realmente dudé, porque yo, donde realmente me siento cómoda, es en la escucha, en el acompañamiento, no hablando; pero una persona, una víctima, me dijo: «Tienes el deber de hablar, Lidia. Tienes que prestarme tu voz, porque yo ya no tengo voz, y tu voz es mi voz». Claro, desde aquí no pude negarme. Y esta persona hoy nos dice así:

Testimonio 17
«Me gustaría que cada uno de vosotros también fuerais mi voz. Estoy aquí, en este salón del Mara, escondida de incógnito entre la gente. No me atrevo a levantar la voz, porque no me quiero sentir señalada. No me agrada que me vayas a mirar con asombro, con incredulidad, con un "¡Uff!, ¡cuánto debes de haber sufrido!" No me lo digas, yo ya lo sé.

Me conoces y quiero seguir siendo la misma de siempre, aunque haya vivido abusos en casa, en mi familia de sangre, de fe y en la vida religiosa. Te invito a que te pongas en mi lugar. Piensa en cómo me sentiría si yo ahora me levantara y tú me miraras incrédulo, incrédula, y al verme pensaras: "Pero ¿tú has vivido esto?" Se haría un silencio sepulcral que casi se mastica y no sabes qué comunicarme. Necesito que me creas, no que me mires y te sorprendas. Necesito que seas mi voz, no que me preguntes por qué y qué pretendo al hablarlo. Necesito que estés a mi lado, no de mi lado, porque esto no va de quién tiene la razón o no, o pruebas. Si estás a mi lado, llegarás a darte cuenta de lo que necesito. Necesito tu confianza, pues yo lucho contra toda desconfianza diariamente. Necesito que hables allí donde vayas y estés. Que hables en mi lugar, te necesitamos porque hemos pasado muchos años solas con esto dentro y calladas. No hables de mí, por favor, como un número de la estadística de tus estudios o investigaciones. No hables sobre mí sin saber. Atrévete a leer e infórmate sobre este tema y no cierres los ojos o tu corazón, porque consideras que este tema es muy doloroso, duro o fatigoso. Piensa que me provoca más dolor tu complicidad en este silencio y que opines sin tener una información adecuada.

No creas que soy enemiga de la Iglesia o de aquellos que me han dañado. Les quiero, aunque te parezca incomprensible. Las personas que me han acompañado me han llevado de la mano con tanto amor y tanta delicadeza que he llegado a tener el valor de comprender a mis enemigos. Jesús, el de Nazaret, nos lo ha enseñado así, y te agradezco, y mucho, que hayas venido, que estés aquí –u *online*–. Que estés dispuesto a dejarte afectar. Abrir tu mente y tu corazón. Te agradezco que me prestes tu voz, tus ojos y tus oídos y que no te calles».

Gracias por vuestra atención, no a mí, sino a las personas. Gracias. Como decía, este aplauso no es para mí, sino para las personas afectadas de abusos. Gracias también al maravilloso equipo de atención terapéutica de Repara, a Porticus. Y gracias, sobre todo, a las personas víctimas supervivientes que han contribuido desde sus testimonios y sus vidas vulneradas a preparar esta conferencia. Espero haber estado a la altura de lo que merecéis, gracias.

4

EL TRATAMIENTO DE LA REALIDAD DE LOS ABUSOS EN LA IGLESIA

Daniel Portillo
director del Consejo Latinoamericano
(CEPROME)

–Desde una perspectiva cronológica, ¿dónde nos encontramos en este proceso de gestión de las denuncias de abuso? Estamos en 2022 y parece que es justo ahora cuando estamos mirando de frente a esta realidad.

–Partimos, aproximadamente, en 1985, cuando aparecieron aquellos primeros escándalos mediáticos que emergieron particularmente en la Iglesia de los Estados Unidos. A partir de ahí podemos distinguir cinco etapas características:

Primera etapa: los escándalos emergen como abusos sexuales perpetrados por clérigos contra menores de edad.

Segunda etapa: los abusos son perpetrados por clérigos de alto rango –nuncios, cardenales, obispos, superiores, superioras, etc.– o están involucrados en ellos de alguna manera.

Tercera etapa: los abusos se producen en las casas de formación, donde las formandas, los formandos, los seminaristas… comenzaron a desvelar los abusos sufridos en las instituciones formativas.

Cuarta etapa: los casos de los abusos son cometidos contra las religiosas. Este es un punto crucial y específico que tendríamos que abordar particularmente hoy, porque, si somos honestos, es la población que se ha visto más afectada dentro de la Iglesia. Me refiero, por un lado, a la claridad en cuanto a sus derechos no han sido del todo clarificados y, por otro y a consecuencia del primero, los derechos dentro de esta cuarta etapa, o dentro de esta población, han sido particularmente más vulnerados.

Quinta etapa: se ha abierto un nuevo análisis que tiene que ver con la *accountability,* con la rendición de cuentas, con el *compliance,* donde nos vamos dando cuenta de que los abusos sexuales cometidos contra menores de edad es la punta del iceberg. Nos situamos en el inicio de toda una reflexión y un camino que la Iglesia tiene que hacer a partir de la constancia de los abusos sexuales a niños: reflexión sobre la estructura, sobre la participación de los laicos dentro de la Iglesia, la participación de la mujer, el tema de la madurez afectiva…, es decir, distintos temas relacionados con esta realidad.

Por eso es arriesgado pensar hoy, por haber identificado un *check list* que verificar en los casos de abusos, especialmente en los de menores, que el tema está resuelto, que hemos dado ya con la línea adecuada. No. La reflexión va más a fondo. Hemos de analizar la manera en que dentro de la Iglesia nos relacionamos entre nosotros, cómo funcionamos entre nosotros y preguntarnos, incluso desde la formación humana, cómo aquellas personas que nos decimos más cercanas a la Iglesia nos relacionamos entre nosotros.

Esto, que es válido para la Iglesia de América Latina, seguramente lo es también para la española. La reflexión profunda nos lleva a cuestionar la manera en que las personas más representativas de nuestras comunidades se relacionan entre ellas y con los demás. Estoy pensando en el peso de poder que tienen en las parroquias aquellas personas que llevan más cantidad de llaves en sus bolsillos, en el poder que tienen las secretarias de nuestras comunidades parroquiales, que pueden carecer de buen carácter, en las personas que coordinan los ministerios dentro de la comunidad parroquial, en la manera en que los clérigos tratamos a la comunidad laical... Estos aspectos nos inducen a una reflexión de fondo en que la Iglesia se ve incitada a la conversión. Por eso estamos en el inicio de algo, aunque ya llevemos casi cuarenta años en esto.

Hacer un análisis solo y exclusivamente centrado en los abusos sexuales perpetrados por clérigos contra menores de edad nos ubicaría solo en la primera etapa, es decir, en el arranque, en el inicio del camino. Hemos de transitar en todos los países por las otras etapas. ¿En qué etapa se encuentra la Iglesia española?

–En este tiempo que llevas acompañando realidades relacionadas con el abuso, ¿cuál es tu mayor preocupación y cuáles son los temores que te han asaltado?

–Mi mayor miedo es que nos encontremos dentro de la Iglesia con una aparente –llamémosle así– prevención cosmética o prevención simulada. Podríamos definir lo cosmético en la prevención como el hecho de decir que estamos haciendo algo sin hacer nada con profundidad. Esto nos sitúa en una realidad muy perversa. Por ejemplo, pienso en casos en que partimos del deseo de hacer justicia y, sin embargo, abordamos el tema con tanta ambigüedad que dejamos de ser claros, y esto puede hacer pensar que nos ponemos del lado del agresor.

Otro de mis mayores miedos es que podamos construir comisiones que no resultan operativas. Decimos que estamos del lado de las víctimas y no somos capaces de acompañarlas, de recibirlas, de escucharlas, de darles la cara. Queremos, muchas veces con un correo electrónico, solucionar las cosas. El hecho de dar la cara implica humanizar a la persona que tenemos de frente, que puede ser una víctima, una víctima secundaria, puede ser un agresor o una víctima secundaria del lado del agresor también. La magnitud del riesgo es tal que el papa Francisco nos exhorta en el *motu proprio «Vos estis lux mundi»* –Ustedes son la luz del mundo– para crear estos centros receptores de denuncias que, si se redujeran a ser solamente esto, no bastaría. Han de ser centros de escucha, donde se invierta tiempo en las víctimas, dando lo mejor de nosotros: nuestro tiempo.

Por último, otro miedo que tengo es que nos sintamos profesionales en la reparación de las víctimas. Muchas veces pensamos que la recuperación de una víctima es lineal, que una persona que ha entrado en este proceso de recuperación va en línea recta. No es así. En este sentido, concuerdo en que la víctima es para nosotros un manual donde aprender. Cuando estamos de frente a una víctima es muy fácil sentirnos limitados y no sentir la omnipotencia de saberlo todo.

–¿Cómo abordamos de manera integral los casos de abusos en la Iglesia si solo nos fijamos en los abusadores y no entendemos el sistema, la estructura, las circunstancia que propician que ese abuso se produzca?

–En los primeros años entendíamos que en los abusos estaban implicadas la víctima y el abusador. En este enfoque, el sistema de consecuencias se reducía a cambiar de lugar pastoral al abusador o enviarlo al extranjero. Se pensaba que este método podía funcionar por ese ideal de pensar que por cambiar a un agresor sexual el problema quedaba resuelto. Por eso se enviaba a los agresores a hacer un mes de ejercicios espirituales, a las parroquias de castigo, que se encontraban muchas veces en los márgenes de las diócesis. A nivel clínico, podemos constatar que un perverso es más peligroso cuanto más aislado, más solo está. Desde el punto de vista clínico, no es una buena decisión estratégica enviar o trasladar a una persona con esta situación concreta y pensar que con esto la persona se recuperará. Por eso digo con cierta vergüenza que la primera medida que implementó la Iglesia, esto es, la remoción o cambio de las personas que habían cometido abusos, fue una práctica contraproducente.

En estos años hemos aprendido, y de una manera muy específica con el informe chileno, que hay tres realidades que abordar: lo psicopatológico, lo circunstancial y lo sistémico. Es decir, no solamente hay que dirigir la atención a un sujeto que abusa de un menor, sino también a la congregación, a la diócesis que lo respalda. Y entramos aquí en el tema del encubrimiento.

Al abordar la cuestión psicopatológica incorporamos, más allá del hecho o práctica del abuso, otros factores. Al ubicar en el centro de nuestra atención a la persona individual, pues su estudio nos puede llevar a identificar sustratos donde podemos olfatear abusos previos sufridos que provocan o intensifican la psicopatología.

Al prestar atención a lo circunstancial salimos del sujeto mismo y constatamos elementos como la poca supervisión que tenemos en la Iglesia respecto al ejercicio del poder, por ejemplo, dentro de nuestra acción pastoral. No estamos acostumbrados a rendir cuentas de nuestro apostolado, no estamos acostumbrados a rendir cuentas de la vida diaria. En este punto es importante prestar atención a la perspectiva suiza que puede ser válida para otras regiones de la Iglesia: existen reglas específicas para los abusos, los abusadores; una vez denunciados pueden ser fácilmente localizables y, finalmente, en caso de condena, existe una pena para ellos. Sin embargo, a veces las reglas no son claras, a veces no hay quien supervise las reglas o, a veces, en cierta manera, no existe una estructura o procedimiento que lleve un proceso de denuncia desde el inicio hasta el final.

Finalmente, atendiendo a la dimensión sistémica, podemos constatar que ha sido el elemento que con más resistencia ha abordado la Iglesia. Supone asumir que el abuso no solamente es una realidad de un sujeto, sino también que es parte de una estructura en la cual estamos involucrados todos. Esto es justamente lo que mencionamos como «eclesiopatía»: dinámicas enfermizas, anómalas, que dentro de la Iglesia pueden detonar situaciones abusivas. Las psicosociopatías podrían ser consideradas no solo como comportamientos sexuales individuales, sino como todo un conjunto de comportamientos previos que pueden detonar situaciones abusivas posteriores a nivel sexual.

Es así cómo al entrar en la reflexión seria sobre los abusos sexuales de la Iglesia en un país se debería tener siempre en cuenta estos tres enfoques. De otra manera, podemos caer en un fácil fariseísmo al decir que hemos solucionado el problema cuando expulsamos o hacemos que dimita el abusador. No asumimos éticamente la responsabilidad que como institución tenemos.

–Háblanos sobre la necesidad de abordar el sustrato que puede originar abusos: es decir, los abusos de poder, de conciencia, que se dan de una manera mucho más generalizada.

–Hablar sobre los abusos sexuales dentro de la Iglesia nos ha abierto también a la reflexión sobre otras dinámicas abusivas de maltrato, de violencia, que dentro de la Iglesia tenemos. La existencia de un lenguaje muy violento dentro de nuestras comunidades religiosas, un lenguaje muy agresivo dentro de las comunidades parroquiales donde nos esforzamos por situar nuestro poder por encima del del otro.

Estas –y otras– prácticas nos hace vislumbrar el fondo de una crisis que seguramente sea la segunda más importante en la historia de la Iglesia, después de la ruptura de Lutero. Una crisis que no se reduce a la identificación de algunos casos de abusos y que no paliamos diciendo que son pocos o que a nuestra diócesis o congregación no llegan casos de denuncia. Todo va mucho más allá y apunta a la manera que tenemos de relacionarnos dentro. Pienso que estamos en un momento histórico para profundizar sobre ello.

Es crucial potenciar la necesidad de la formación humana dentro de nuestros ambientes parroquiales, dentro de nuestros ambientes formativos, hacia los presbiterios y en la relación que estos y los obispos deberían tener con los laicos. No podemos continuar con la dinámica principesca de que un obispo no puede establecer un diálogo desde la perspectiva meramente humana con un lacio o una laica.

Se vislumbra, por tanto, la necesidad de abonar en esta crisis la necesidad de la conversión, no solamente una conversión pastoral, sino una conversión personal también. En esta clave de conversión pastoral vemos que tenemos dificultades en relacionarnos mutuamente propiciando ambientes de confianza con los demás, abrirnos ampliamente…

Abordar el ámbito de los abusos no sexuales es profundizar en nuestros propios comportamientos dentro de la Iglesia. Pongo un ejemplo: el infantilismo suele ser un paradigma en el trato entre las personas. Vivir las relaciones de poder dentro de las comunidades religiosas y de las parroquias ignorando que quienes las integran son adultos en sentido pleno y no adultos infantilizados que deben obediencia ciega es la manera en que se vive el infantilismo. Hemos de convertirnos y asumir que el laico que tienes en tu comunidad es una persona adulta capaz de pensar también. El infantilismo se puede generar de una manera tóxica, agresiva, e impide procesos renovadores que provoquen que las cosas se puedan hacer de otra manera. Lo contrario al infantilismo lo visualizamos en la Iglesia hoy cuando propiciamos dinámicas sinodales en que se cuenta con la madurez humana, con la capacidad de mirar al otro como ser humano y como persona.

–Para terminar, ¿nos puedes ofrecer una o dos claves prácticas a la hora de acompañar que tengamos que tener en la cabeza y en el corazón?

–El acompañamiento siempre es intrínseco a nuestro ser y supone involucrar nuestra propia vida: acompañamos a otros y necesitamos ser acompañados. Estas dinámicas de acompañamiento suponen fidelidad a nosotros y a nuestro contexto: es necesario acompañar desde nuestra propia vida, llamar a cada cosa por su nombre, aprender a conceptualizar las cosas. Porque de otra manera, al no darle nombre concreto a los abusos, puede generar una ambigüedad muy perjudicial.

Pongamos un ejemplo: vemos en algunos fundadores de congregaciones recientes la dinámica de la «idealización primitiva». Es decir, existe una persona que genera un ambiente propicio a idealizarla por parte los laicos, laicas, religiosas, religiosos y sacerdotes que lo integran. Podríamos considerarlo una especie de latría hacia esa persona que genera una dinámica persecutoria hacia el externo. Es decir, todo lo que esté fuera de este círculo es considerado una amenaza para el interior, de tal manera que, cuando se evidencia que esta persona, que está en el centro, ha sido un abusador sexual, lo que entra en crisis, en primer lugar, es ese círculo de influencia. Se produce entonces una reacción por parte de los afines que tienden a idealizar al fundador y declarar su santidad. Esta es una práctica común en algunas denuncias a fundadores cuyos ámbitos ya empezaban a llamarlo «santo». Por tanto, la «idealización primitiva» consiste, en primer lugar, en generar un sector de influencia y, en segundo lugar, considerar como amenaza todo lo exterior de tal manera que, si algún obispo o algún superior quisiera cambiar o remover a la persona que se encuentra en el centro, entrará en conflicto, en primer lugar, con la red que ha construido esta persona. Dicho esto para fundadores, también es aplicable a párrocos en parroquias. En estas situaciones, ante este tipo de crisis, existen víctimas secundarias que han de ser acompañadas.

5

ABUSOS EN LA IGLESIA: LECCIONES APRENDIDAS Y PENDIENTES

José Luis Segovia
vicario episcopal de Pastoral Social
e Innovación en la archidiócesis de Madrid

Ante todo, comparto dos sentimientos que me produce el abordaje de este tema. El primero: a lo largo de mi vida me he aproximado a muchas formas de dolor, de sufrimiento. He trabajado mucho en el ámbito penitenciario, con víctimas de todo tipo, víctimas del terrorismo, víctimas de delitos violentos, pero nunca he encontrado cotas tan inmensas de sufrimiento, de impotencia y de dolor como en el tema de los abusos sexuales y, particularmente, de los abusos sexuales dentro de la Iglesia. El segundo: me produce siempre un inmenso respeto hablar del dolor, sobre todo cuando es el dolor ajeno. Siempre es muy complicado y contradictorio aproximarse a algo que tiene tantísima densidad y a lo que uno solamente se asoma un poquito de puntillas.

La cuestión de los abusos sexuales dentro de la Iglesia es muy compleja. Es un tema que conviene analizarlo desde distintas perspectivas que ayudan a contemplar la complejidad que tiene. Es fácil pegar bandazos de un extremo a otro. Articulo mi exposición en una primera parte con algunos *flashes* que a mí me resultan especialmente significativos, y a lo largo de la segunda parte daré cuenta de algunas lecciones que, desde mi punto de vista, tenemos aún que aprender en este tema de los abusos.

Vaya por delante la convicción de que el mal siempre gana la partida a corto plazo. A medio plazo empata, y tengo la firme convicción de que, no solo al final de los tiempos, sino también dentro de la intrahistoria, el bien, a largo plazo, sale victorioso casi siempre, sobre todo cuando bien e inteligencia van juntos. Lamentablemente, en la cuestión de los abusos sexuales nos tropezamos con el mal. Y tengo que decir que es el mal, sin adjetivos. Es el mal en estado puro. Por eso, cuando el mal se suma a la torpeza –y torpeza institucional–, se forma un cóctel de mal y torpeza que ofrece unos resultados auténticamente nefastos.

Uno de los peores resultados ha sido la ceguera que hemos mantenido dentro de la Iglesia durante muchísimo tiempo. Una ceguera de la que han participado incluso mentes buenas y, a menudo, mentes lúcidas. Pero es lo que tiene la ceguera que provoca el mal, que ha penetrado tan intensamente en la Iglesia con los abusos.

Aspectos significativos

Comparto una triple constatación como punto de partida. La primera: los abusos cometidos por personas con ascendencia religiosa y moral dentro de la Iglesia provocan un sufrimiento indecible, como he apuntado, y unas cicatrices inmensas en las víctimas, junto con una inapagable sed de justicia difícil de colmar, y suponen la más grosera contradicción con el Evangelio de Jesús al que dicen servir. Ninguna novedad. Es una obviedad, pero es el punto de partida que me parece inequívoco que hemos de tener como lección primera.

La segunda: la mayoría de los curas y de los agentes de pastoral desarrollan su tarea con generosidad, probidad y honradez.

La tercera: dado los dos presupuestos anteriores, resulta por eso espectacularmente llamativo cómo una mala gestión durante mucho tiempo de esta crisis ha multiplicado el sufrimiento de las víctimas y ha generado una crisis de confianza en sectores y en agentes de pastoral completamente ajenos a estos delitos.

Existen prácticas corporativas llevadas a cabo por buenas personas en todos los órdenes, pero que han incidido en un negacionismo persistente, en el ninguneo de las personas abusadas, en la crueldad de la indiferencia ante su dolor; en el fondo, habita el miedo a mirarlas a los ojos, las actitudes evasivas, los desplazamientos de responsabilidad, el famoso «y tú más» del que estamos hartos en la vida política… y vamos y lo aplicamos también en el seno de la Iglesia. Nos centramos en la guerra de cifras y obviamos, sobre todo, el hecho fundamental de que a quien hay que reconocer, sanar y poner en el centro es a las víctimas y no centrarnos tanto en salvaguardar el prestigio de la institución eclesial. Todo esto nos hace olvidar que lo que se compromete no es el buen nombre de la Iglesia, sino la credibilidad de su mensaje y la referencia al mensajero y a Dios mismo.

Dios habrá de perdonarnos haber practicado una suerte de idolatría institucional en la que con la pretensión de salvar los muebles propios a toda costa hemos puesto muchas veces en riesgo la significatividad del mensaje. Al final, los grandes pecados personales y de la institución eclesial aparecen siempre en las primeras páginas del Antiguo Testamento. Junto a esto, hemos olvidado también máximas que aparecen en el Nuevo Testamento, como que la verdad siempre nos hace libres, que cuando soy débil entonces soy fuerte y que no se puede secuestrar la verdad con la injusticia.

Se nos ha borrado de la memoria que no somos continuadores de los doce magníficos, sino de doce auténticos desastres, quienes, eso sí, después de muchos errores, fueron capaces de confiar más en Dios que en su imagen corporativa, más en la transparencia de la verdad que en su prestigio personal o institucional. Por ello, esta tremenda crisis, desde la lectura creyente, supone una llamada de Dios a toda la Iglesia, a la humildad, a vivir en verdad, a purificarnos y a volver a la senda segura, radical y difícil del Evangelio, sin glosa.

Constituye, por tanto, otra forma de denuncia de ese polvo imperial que hemos acumulado del que hablaba san Juan XXIII al alejarnos de la fe vivida en gracia, reconociendo humildísimamente nuestra imperfección y nuestra vulnerabilidad. Supone una cura de humildad que, paradójicamente, nos puede ayudar para mejor compartir con el mundo el precioso tesoro del Evangelio, siendo aún más conscientes que antes de que lo llevamos en vasijas de barro.

Hablar desde una Iglesia herida, que ha tropezado con un mundo herido, probablemente nos ayude, si somos humildes y reconocemos la verdad, a ser más transparentes con la fuerza sanadora de Dios y del Evangelio. La audacia provocativa de los evangelios está trenzada con una suerte de catálogo de despropósitos por parte de los discípulos de Jesús: ora negándole Pedro el mismo día que le hacen sacerdote, obispo y papa; ora disputándose los primeros puestos; ora durmiendo en los momentos críticos; ora no enterándose absolutamente de nada. Afortunadamente, nadie en la Iglesia primitiva sintió la tentación de adornar, disimular o filtrar todos estos dislates para dar una mejor imagen de la institución. Y no lo hicieron, no porque hubieran tenido muchos cursos de *marketing,* sino porque el centro de la comunidad cristiana era el Evangelio y Dios mismo y no la salvaguarda del propio prestigio. No corrieron el riesgo de esa idolatría institucional.

Ciertamente, los abusos en la Iglesia representan, en palabras de altísimos representantes de la Iglesia, un auténtico eclipse de la evangelización, que, según el propio Benedicto XVI, ha oscurecido la luz del Evangelio hasta un punto que no se había alcanzado tras siglos de persecuciones ni con la mayor crisis que ha sufrido la Iglesia tras la Reforma protestante.

Con todo, el dramatismo de estas palabras no supone una invitación a la desesperanza, sino, por el contrario, a iniciar entusiastamente un paradójico nuevo camino. Un camino al mismo tiempo dolorido, pero también gozoso, con la oportunidad de ponernos en una nueva ubicación existencial, quizá mucho más necesaria, probablemente imprescindible, para poder anunciar con credibilidad el Evangelio a esta sociedad posmoderna, renuente a lo magisterial y a lo doctrinal y a que le hablen como os estoy hablando yo: de arriba abajo [desde la mesa de conferencias hacia el patio de butacas]. Por el contrario, hablar desde la vulnerabilidad, desde los errores cometidos, reconociendo con humildad las culpas y mostrando que no se puede –ni se debe– confundir el mensaje con la falibilidad y la fragilidad del mensajero, nos harán un bien enorme y será condición de posibilidad de oportunidades evangelizadoras.

Las secuelas de esta crisis de abusos nos recuerdan que lo del reino de Dios no es una conquista de la Iglesia, sino una humildísima y apasionante colaboración de sus miembros tocados de gracia, también de fragilidad. Tampoco se nos puede olvidar que seguimos a una víctima, a la víctima crucificada por antonomasia, y, por ello, la suerte de cualquier víctima no nos puede ser ajena. Saber mirar a los ojos de las víctimas, dejarnos contemplar en silencio por ellas, ponernos a tiro de su dolor y mirar también la realidad con sus ojos para, al mismo tiempo, ayudarlas a trascender el dolor y que no queden atrapados por sus heridas, constituye un desafío para la Iglesia de primera magnitud al que solo podemos responder desde la honestidad y la verdad.

Las realidades son complejas y no son lineales. Nos obligan muchas veces a ver las cosas desde perspectivas completamente distintas. No acertaríamos dando respuestas simplistas y populistas a problemas complejos acerca de los que tenemos que reconocer que todavía no sabemos suficiente. Por eso, el «atrévete a saber» kantiano sigue siendo un imperativo vinculante que aún no hemos colmado del todo. Sobre todo mientras no contemos con datos y con la correspondiente explotación.

Atreviéndome a proponer una paradoja, diré que no podemos despistar nuestra mala conciencia de décadas de desatención a las víctimas comprando en las tiendas de saldo demagogia populista de última hora, como el famoso y poco afortunado discurso, que no comparto en absoluto, de tolerancia cero. Me estoy refiriendo a los términos estrictos de ese lema del alcalde Giulani en la ciudad de Nueva York de los años noventa que dio lugar a una represión ilimitada y a una falta de eficacia absoluta en la política criminal de la ciudad de Nueva York. La Iglesia, al mismo tiempo que afirma rotundamente la solidaridad con las víctimas, no puede de ningún modo renunciar a la recuperación y a la reintegración de quienes han cometido un delito, por grave que sea, y ello, por supuesto, con independencia de las medidas que en justicia en cada caso tengan que ser adoptadas. Aunar la centralidad del dolor de la víctima y su reparación con el empeño por la recuperación personal del agresor deriva del principio de la perfectibilidad humana. Perfectibilidad que nos ha regalado el Creador, como nos gusta repetir, no con mucho éxito, desde la pastoral penitenciaria de la Iglesia. Por tanto, en rigor, a mi juicio, no se trata de tolerancia cero, sino de encubrimiento cero, que es bien distinto. La tolerancia pone su mirada en la persona, el encubrimiento lo pone en la actitud institucional. Una vez más, la verdad será la mejor forma de aunar la atención exquisita que merecen las víctimas y el irrenunciable intento de recuperar a las personas victimarias.

Pero no nos confundamos. Paradójicamente, gran parte del monumental y justificado enfado de las víctimas no se dirige a sus agresores. Tiene como diana el dolor añadido que ha producido el ninguneo, el toreo, la injuria con que se han sentido tratadas durante mucho tiempo por las instituciones eclesiales. En este camino, ayuda bastante poco no contar con normas canónicas procesales más precisas, con períodos de prescripción más elevados. A veces, los hechos están sistemáticamente prescritos, porque los plazos canónicos son extremadamente breves. En otros asuntos, sin embargo, nos vamos al otro extremo y son extremadamente indefinidos y difusos. Es, por tanto, una barbaridad supina que exista en la Iglesia una prescripción a la carta que dependa de la autoridad. Esto mueve en la tumba a Ulpiano y a todos los juriconsultos romanos.

Tenemos una normativa canónica, manifiestamente mejorable. Es necesario trasponer también a la legislación canónica la regulación del estatuto de la víctima y el modo concreto de participar en el proceso y acotando también que las víctimas son siempre dueñas de su dolor, pero no lo son del proceso. Quizá esto puede resultar irritante, pero tenemos que buscar un punto de equilibrio entre la incorporación de las víctimas y que las víctimas no se puedan convertir en las directoras de los procesos. Las víctimas de tráfico no pueden dirigir la política criminal que sigue un gobierno en materia de tráfico, aunque tienen que ser un agente de referencia inequívoco.

Hace no mucho, el presidente de una sección de la Audiencia Provincial de Madrid, buen amigo, excelente magistrado y mejor persona, tuvo un juicio durísimo aquí cerquita por violación a una menor. Durante toda la sesión del juicio oral, un hombre de entre el público estaba continuamente gesticulando y levantando la mano para pedir la palabra. Aunque esto no se puede hacer, el presidente de la sección, reconociendo quién era, interrumpió el juicio y, contra toda previsión legal, le concedió la palabra. El hombre –que resultó ser el padre de la criatura violada– le espetó: «Señor juez, cómo se nota que a usted no le han violado una hija». Se quejaba del trato exquisito que se había dispensado al acusado, a los testigos de una y otra parte y de ciertas exquisiteces procesales, que le habían puesto al agresor, por ejemplo, un vaso de agua para que declarase. El presidente le contestó con todo respeto y con todo sosiego diciéndole: «Le comprendo perfectamente. Yo, en su lugar, habría dicho lo mismo que está usted diciendo, pero piense que, precisamente porque no me han violado una hija, puedo presidir este juicio con la mayor objetividad de la que sea capaz». Con este ejemplo quería explicitar el matiz que he introducido anteriormente.

Siguiendo con las paradojas, resultan insufribles algunos desprecios machistas hacia las víctimas, especialmente si son mujeres y adultas, sobre todo cuando son hechos por clérigos que representan una subcultura a la que, curiosamente, no tienen la más mínima conciencia de pertenecer y, por el otro lado, también resulta bastante poco evangélico el discurso que solo pretendería el machaque del infractor o cierto lavado de manos por parte de la institución, cuando el empeño se destina a fórmulas fáciles destinadas a buscar al culpable y, al encontrarlo, declarar: «Ya no es de los nuestros y ya no es nuestro problema». La expulsión definitiva y el «ya no está en la comunidad» no deja de ser una forma de quitarse el muerto de encima, por decirlo en un lenguaje simple.

Todas estas observaciones quedarían incompletas si no descubrimos que, en rigor y con toda claridad, desde el punto de vista criminológico, los delitos de abuso sexual en el seno de la Iglesia tienen tres partes de las que se han estado hablando aquí en distintos momentos. La del agresor; por supuesto, la de la víctima; pero también la de la institución eclesial, en cuyo seno se produce. Esta última, la Iglesia, debe reflexionar no solo sobre cómo ha respondido y cómo va a responder, sino también sobre otro aspecto, a mi juicio aún más relevante: cómo es la formulación teológica de la autoridad y en qué medida el ministerio presbiteral se relaciona con el poder. En la práctica de imponer una persona de referencia –clérigos, consagradas, laicos…– se da una clara asimetría relacional que constituye un factor contextual de primer orden, que puede derivar tanto en un elemento de protección como de riesgo. Quizá el mayor pecado sistémico de la Iglesia es que en este punto, durante mucho tiempo, ha habido una teoría no suficientemente sometida a crítica que, unida al miedo y a la inconsciencia, nos ha hecho militar bajo la bandera equivocada.

No se puede ignorar, por tanto, que los abusos de cualquier orden –sexuales, de poder, de conciencia…– se correlacionan con algo tan antievangélico como es el poder. Los abusos refuerzan dinámicas narcisistas y egolátricas de dominación que acaban cosificando las relaciones interpersonales. En el fondo, subyace siempre una patologización del poder, de ese poder que de una manera más o menos oculta, más formalizada o no, manejamos absolutamente todos.

Sobre todo, lo que aparece de manera sibilina no es el obvio narcisismo del abusador o del agresor sexual, sino las resistencias corporativas a negar su evidencia. Poder sagrado y fragilidad moral y psicológica son un cóctel extremadamente peligroso. Esto se aplica también a olvidar que el ministerio sacerdotal no es una facultad ligada a la persona, sino al servicio presbiteral. En estructuras de personalidad insanas, enseguida se confunden ambas cosas. Por eso es tan pertinente la advertencia que hace *Evangelii gaudium* de que identificar en extremo la potestad sacramental con el poder es un elemento conflictivo. La identificación de la potestad sacramental con el poder en el ejercicio del ministerio tiene muchas complicaciones. Por su parte, y en relación con los candidatos al sacerdocio ministerial, en *Evangelii gaudium* se dice: «A pesar de la escasez vocacional, hoy se tiene más clara conciencia de la necesidad de una mejor selección de los candidatos al sacerdocio. No se pueden llenar los seminarios con cualquier tipo de motivaciones, y menos si estas se relacionan con inseguridades afectivas, búsquedas de formas de poder, glorias humanas o bienestar económico» (EG 107).

El poder, el dichoso poder. A veces concurre una sana afinidad entre el poder sagrado y la simpatía desmedida con una suerte de prácticas de sanación, exorcismos, etc. En el fondo, el sujeto ejerce el poder sobre el poder por antonomasia, sobre el poder del demonio. Por eso insiste Cencini en prestar mucha atención al poder ligado al ministerio sacerdotal y tener mucho cuidado con formas de dirección espiritual que suplen el discernimiento del dirigido con la aceptación incondicional de la voluntad del director como única e inequívoca voluntad de Dios.

El acompañamiento espiritual, que es un servicio de contraste y una auténtica relación de ayuda, nunca puede ser un ejercicio de poder. Este insano ejercicio de poder, unido al prestigio del clero en la cultura católica, la asimetría relacional y, en ocasiones, ciertas distorsiones cognitivas, ejercen de intensos favorecedores de los abusos.

Este contexto de mala concepción del poder puede llevar a colegir una cierta lectura exculpatoria de la conducta de la persona que delinque en el seno de la Iglesia. Nos explica el cardenal Sean O'Malley: «Muchas veces se han tratados los abusos como una enfermedad que se contrae estando en el hospital. Sucede que nadie en el hospital, especialmente quienes lo dirigen, quieren admitir que alguien ha enfermado precisamente en el lugar en el que debería haber sido curado». De esta manera, una vez más, el negacionismo y la mala gestión de los abusos se convierten en una auténtica piedra de escándalo y en el más serio obstáculo para la credibilidad de la Iglesia. Como dice la carta a los Romanos: «Por vuestra culpa se injuria el nombre de Dios entre las naciones» (Rom 2,24).

Cierto que hay otras instancias en cuyo seno se cometen indiscutiblemente abusos de poder, sexuales y de conciencia, pero ninguna pretende mostrar un ideal de perfección para todos y un papel de referencia moral pública y privada para los ciudadanos. Ninguna otra –y esto es lo más importante– es depositaria del fuego sagrado. En otras formas terribles de abuso no se toma el nombre de Dios en vano ni se juega a confundir la voluntad de Dios con la lascivia del agresor.

En el fondo, encontramos siempre el poder. El dichoso poder. La tentación más antigua y clásica. El poder entendido como la vieja aspiración a ser como Dios. El primero de los pecados que se repite, sobre todo, en personas emocionalmente inmaduras, aunque tengan muchísimos estudios y pasen por auténticos gurús y maestros de la espiritualidad, y que encuentran como nicho de oportunidad para sus abusos a personas en búsqueda, en crisis o simplemente necesitadas de acompañamiento. Es en ese espacio donde cometen esos actos con elevadas cotas de impunidad.

Una constatación importante: víctimas y agresores son, ordinariamente, personas absolutamente normales. Por más que cueste asumirlo e integrarlo en el imaginario colectivo, es una de las lecciones más importantes aprendidas: la mayoría de los delitos más odiosos que se han cometido por las personas en todos los órdenes –no solo en el que estamos hablando– tiene por autores a personas absolutamente normales, cuya imputabilidad es plena y cuya responsabilidad criminal es total. En pocas palabras, no estaban locos y sabían lo que hacían. Es paradigmático el famoso crimen de Liverpool de hace ya unos cuantos años en el que dos críos habían puesto en los raíles de un tren a otro niño que salió destrozado por el peso del tren, que no pudo detenerse. Cuando se hicieron las pruebas periciales sobre estos dos niños –que todos aspirábamos que revelaran algo así como «¡niños psicópatas!, ¡tenían una esquizofrenia!», en fin, cincuenta mil enfermedades, que los exculparían, para decir: «No es de los nuestros, no son normales»–, el resultado fue contundente: todos los psiquiatras afirmaron: «Son niños absolutamente normales. Su único problema es que no han tenido adultos de referencia que les hayan enseñado a jugar». No han distinguido la realidad de la ficción: lo que habían visto en la televisión con lo que sucede en la realidad al reproducir ese juego. Habían confundido el principio de realidad con el imaginario que presentaba la televisión. Por eso la propuesta de los peritos no consistió en penas, penas y más penas, sino que, sencillamente, ofrecieron un tratamiento a estos niños: que jueguen, pero con adultos, que jueguen con ellos.

Por tanto, en la inmensa mayoría de los casos de abusos no nos encontramos con agresores enfermos mentales ni con víctimas especialmente vulnerables. La dinámica comisiva consiste en que el agresor se aprovecha de una asimetría relacional respecto a la víctima que posibilita un juego insano de dominación, con un narcisismo encubierto, unos patrones autoritarios y ninguna empatía hacia la víctima, y acaba provocando el mal. El victimario, salvo casos especiales, es, casi siempre, un ser humano normal. Esa normalidad, en la mayoría de los casos, me parece, por otra parte, una excelente noticia. La mala es que su proceso de recuperación personal, que es siempre posible, va a demandar altas dosis de humildad. Una virtud que cotiza bastante a la baja en los mercados civiles y también en los eclesiásticos, por más que en los nuestros la invoquemos con bastante frecuencia.

También las víctimas son personas normales, normalísimas. Es verdad que los casos de abusos dificren mucho si las víctimas son niños o niñas o si son adultos: laicos, mujeres consagradas, etc. Eso sí, en cualquier caso son siempre normales. Personalmente, me reconozco incómodo con un término que ha gozado de alguna credibilidad y ha ido ampliándose: «adulto vulnerable». Me parece que es infantilizar a las víctimas, máxime si se entiende tal situación como lo entiende el derecho canónico, asemejada a la de una persona que carece de uso de razón. A efectos procedimentales, la víctima que quisiera pasar por «víctima vulnerable» para encontrar acogida en los preceptos penales canónicos en los que queda recogida explícitamente, además del mal trago de tener que declarar sobre los abusos, tendría que pasar el doble mal trago de asumir el estigma de esa especial vulnerabilidad que habría que justificar de alguna manera. Este proceder no lo creo justificado. Desde mi punto de vista, en muchas realidades de abusos intervienen dos personas normales con un vínculo contractual implícito que supone la prestación de determinados servicios, por ejemplo: «Tú eres el niño y yo soy el profesor», «yo soy el acompañante espiritual y tú eres la persona acompañada», «yo soy el presbítero y tú eres la persona que viene a reconciliarse con Dios a través de un sacramento».

Por tanto, lo que existe es un rol perfectamente predefinido, una relación clarísima, una expectativa de cuál es el comportamiento esperable por parte de quien está en el rol de asimetría relacional. Refiriéndome a la intervención anterior de Lidia, que afirmaba que hay asimetrías positivas y asimetrías negativas, defiendo que la asimetría en sí misma no es ni buena ni mala, es un dato de constatación de realidad. Lo malo es cuando esta asimetría es negativa y se utiliza como forma de poder para meter elementos de desajustes del propio sujeto que realiza los abusos.

En una sesión de fisioterapia, el profesional destinado a tratar una lesión cervical puede acabar tocando los genitales, y diríamos: «Oiga, ¿qué está usted haciendo?». Sin embargo, en una relación de acompañamiento, en una relación asimétrica de carácter espiritual, el director, el acompañante, el profesor, el confesor... con frecuencia tiene todas las claves de la conciencia de la víctima, incluidos los pecados, los traumas de las personas acompañadas, y puede violentar hasta el extremo y hasta límites insospechados lo que en otro contexto devendría absolutamente imposible. Por eso, el abuso sexual a cargo de directores espirituales, maestras de novicias, acompañantes, etc., es más próximo al cometido, por ejemplo, por un psiquiatra –que, por cierto, este gremio también tiene su importante cuota de abusos, y esto no aparece por ningún lado–, quien, prevaliéndose de información y posición, tiene todo a favor para consumar el abuso por asimetría. La información, que es poder, y la posición, que es doblemente poder, utilizan, instrumentalizan la información del paciente y aprovechan su situación de vulnerabilidad. Esto ocurre no porque el paciente sea una persona vulnerable, sino porque el paciente se encontraba en una previa relación de asimetría. Evidentemente, el colegio profesional correspondiente responderá aplicando el código deontológico. Esta perspectiva deontológica –y de código deontológico– pienso que aún falta incorporar en la Iglesia para formar a las personas que van a tener determinadas responsabilidades sobre qué es lo que cabe esperar y qué es lo que no cabe esperar de un director espiritual, de una acompañante o de un confesor.

Lecciones por aprender

Ser proactivos

La primera lección que nos queda por asimilar es la elección de la proactividad y el ir por delante. O, al menos, no ir a remolque e ir en la dirección contraria. Uno de los grandes descubrimientos de las ciencias penales de los últimos años versa sobre victimología. Hasta ahora, los sistemas penales se centraban exclusivamente en el castigo del culpable. El centro era el infractor, y la propia nomenclatura utilizada nos hablaba de lo que recaía sobre el infractor. El código es Código Penal. La ley es Ley de Enjuiciamiento Criminal. No se llama «código victimal», ni «ley victimal», ni nada parecido. Solo muy recientemente, en el ámbito civil, hemos ido adquiriendo conciencia de la importancia que tiene el tema de las víctimas y su abordaje. En la legislación española se incorporaba, hace relativamente poco, el estatuto de la víctima, que no deja de ser la trasposición de una directiva de la Unión Europea. Sin embargo, cuando el dolor es infinito, no hay pena ni dolor que lo compense. Los dolores y los sufrimientos no se compensan, se suman, son acumulativos, pero no se equilibran con la ley.

De ahí que, más allá de las durezas de las penas que puedan imponerse a los culpables, lo relevante, a mi modo de ver, más que el *quantum* de la condena, es la respuesta diligente, pronta y empática, poniendo a la víctima y sus necesidades en el centro, destacando la escucha, la acogida y la reparación de los daños sufridos. Desde luego, tenemos que poner el acento en minimizar la llamada victimización secundaria. La primaria es la que produce el agresor. La victimización secundaria es la que provoca el sistema de investigación y de sanción cuando se pone en marcha, que muchas veces provoca aún más sufrimiento que la victimización primaria. Y hay algunas cosas que se pueden hacer y se deberían hacer: que exista una declaración de la víctima, que se preconstituyan las pruebas, que se eviten preguntas que puedan ser interpretadas como una duda acerca de la veracidad del testimonio, que se agilice el procedimiento y se dé cuenta y con información comprensible de las etapas por la que está pasando. Que el ámbito en que se practican las diligencias sea un ámbito que sea vivido por la víctima como un entorno seguro y pueda ir acompañada de quien quiera…

También hemos de ser proactivos en la investigación, sabiendo que hay que mejorar notablemente los instrumentos legales. Lamentablemente, nos movemos en el ámbito canónico sin un derecho procesal canónico. No existe tampoco un procedimiento penitenciario. Hay determinados ámbitos del derecho que no han ocupado la mayor parte de la doctrina ni está en el centro de la preocupación de la población. Los presos, pues, tampoco tienen un procedimiento articulado perfectamente. No existe, a pesar de que ya lleva varias décadas con la Ley Penitenciaria. De la misma manera ocurre en el ámbito del derecho canónico. No tenemos una ley procesal. Solo hace bien poquito se ha remodelado –parcial e insuficientemente, a muy juicio– el libro sexto del *Código de derecho canónico*. El libro sexto es el libro penal. Lo más grave que se puede decir de este libro no son las insuficiencias técnicas –que tiene unas cuantas–, sino, sobre todo, lo más escandaloso es que no se ha aplicado prácticamente nunca en la Iglesia. Entonces, el principio de escritura no se ha utilizado, es decir, se ha contravenido, siendo mala e insuficiente. La legislación canónica –tanto con el *Código* de 1917 como con el vigente– no se ha aplicado. Este es el mayor problema. No que haya informaciones escondidas y oculta bajo siete llaves. Es que, sencillamente, no se han practicado diligencias de investigación, de información, ni se ha abierto expediente sancionador alguno.

Hay que celebrar algunos avances, por ejemplo, la incorporación de la presunción de inocencia. No estaba hasta hace nada. Aún falta por lograr la protección de bienes jurídicos. También cambiar la óptica desde la que se valora la agresión sexual y pasar a hacerlo desde la falta de obediencia a los mandatos que tiene el consagrado con respecto al sufrimiento que provoca en la víctima; es decir, que en la actualidad primamos el hecho de que se ha violentado el compromiso celibatario sobre el daño que provoca un ataque a la indemnidad sexual de la víctima.

Desde luego, además, también hay que ser más proactivos en la reflexión teológica. Hay que repensar cuestiones relativas a la eclesiología, a la concepción del poder, a la naturaleza del ministerio y de la dirección espiritual. Hay que reflexionar sobre la infantilización de las relaciones, la concepción de la obediencia en la vida consagrada

–donde también se dan ciertas formas de infantiliza-ción–, la propia autopercepción de la vida religiosa femenina, etc.

Finalmente, hay que ser proactivos en torno a la generación de entornos seguros, de políticas transparentes, de rendición de cuentas, de medidas, también, formativas y, sobre todo, tenemos que conseguir implantar la certeza de que no hay crimen, no hay delito, no hay abuso que no quede sin respuesta. La impunidad y la sensación de impunidad es el primer factor criminógeno. Todos los estudios que se han hecho sobre delitos revelan que es más eficaz la respuesta inmediata que la intensidad de la respuesta teórica, que, aunque aparezca recogida en un código penal, no se aplica nunca o tarda muchísimos años en ser aplicada.

Conocer la totalidad de la realidad

Otra lección por aprender –la apuntaba al principio– es que no lo sabemos todo. Tenemos que explotar los datos. Primero necesitamos los datos. Parece que, por fin, después de muchos dimes y diretes, de alguna manera se apuesta por recabar los datos. Los datos por sí mismos tampoco dicen muchísimo. Por eso, en segundo lugar, será necesario un trabajo sobre esos datos y una reflexión que lleve a preguntarse por qué estos delitos se han cometido, cuáles han sido los factores de facilitación y cuáles serían los factores de protección.

Superar la actitud corporativista

Me parece importante como lección por aprender superar el corporativismo clerical. Amadeo Cencini, en su libro *¿Ha cambiado algo en la Iglesia después de los escándalos sexuales?*, titula expresivamente un capítulo de esta manera: «Qué no ha cambiado todavía», y lo subtitula, irónicamente, «Ni está cambiando, especialmente en la base». Se refiere a la resistencia pasiva, no solo de la institución en su jerarquía, sino del cuerpo clerical y religioso que sostiene que sí, que los abusos son algo muy lamentable, pero que se mantiene y se sigue manteniendo una excesiva preocupación por la imagen de la corporación: hay unas prisas enormes por pasar página, especialmente en atención a que los culpables son una minoría y no deberían contaminar al resto o defendiendo que en otros sitios hay más abusos que en la Iglesia y que se intenta oscurecer el luminoso testimonio de fidelidad que dan los buenos por intereses ocultos y contrarios a la Iglesia por parte de sus enemigos.

Atender a los abusos de naturaleza no sexual

Otra lección por aprender tiene que ver con estar muy atentos a otras formas de abuso que no son en rigor abusos sexuales, pero que son su antesala: los abusos de conciencia y de poder.

Los abusos no sexuales entre adultos –de las mujeres, y de las religiosas en particular– suponen un melón por

116

abrir que no acepta muchas demoras. No deja de sorprender que, estando justificadísimo que haya una focalización en la pederastia, sin embargo, no ha habido unos avances, ni legales ni en la reflexión, acerca de otras formas de abusos, como son los abusos de adultos, y menos aún los abusos de poder y de conciencia.

En la última asamblea general de CONFER, el presidente hizo referencia a los abusos de poder y de conciencia y a la necesidad de tenerlos muy presentes en la vida consagrada. Esto habrá que analizarlo con prudencia y, al mismo tiempo, con valentía, descubriendo que, ciertamente, la obediencia tiene un sentido dentro de la Iglesia, pero no una obediencia que suponga el ejercicio de un poder despótico, sobre unos súbditos que tienen que seguir dócilmente la voluntad de un superior –o una superiora– que no se pone al servicio de la misión.

Renovar responsables

Los cambios en las políticas eclesiásticas exigen, sin duda, cambios en las personas responsables. El cardenal Maradiaga decía ultimísimamente que es en este punto donde se está encontrando con serias dificultades en la Curia para reformarla al hilo de *Praedicate Evangelium*. En algún momento, Maradiaga insinúa la necesidad de que para llevar a cabo transiciones de programas se necesitan transiciones de personas. Creo que, en este sentido, también sería muy conveniente que los dicasterios concernidos por los abusos no deberían ser una excepción en las transiciones de las personas.

Desarrollar la justicia restaurativa

Otra reflexión añadida tiene que ver con seguir avanzando en las posibilidades que ofrece la justicia restaurativa. La justicia de las tres erres. La justicia que busca la *Responsabilización* del agresor, que busca la *Reparación* efectiva del daño y que busca la *Restauración* de las relaciones que se han roto por el ilícito. Esto supone un diálogo a tres bandas. Es un modelo distinto del que se ha hecho. En la película *Maixabel,* entre exmiembros de la banda ETA y una mujer víctima del terrorismo aparece un diálogo a dos bandas: victimario y víctima. En el caso de los abusos sexuales en la Iglesia, compañeros y amigos están poniendo en práctica estos diálogos entre víctima y victimario, pero se requiere la participación de un tercer interlocutor: la institución, que ha quedado también contaminada y probablemente ha hecho también malas prácticas de las que tenga que disculparse o dar explicaciones.

Destinar recursos

Necesitamos, sobre todo, que se note que esto va en serio. Necesitamos superar la cultura de cubrir el expediente. Necesitamos que todo el mundo crea que, en efecto, la hondura de la crisis –que se suma a otras muchas– es tomada en serio por la Iglesia. Y esto se nota no en declaraciones pomposas de intenciones, sino en la medida en que se activan recursos personales, económicos y medios efectivos al servicio de esta causa. El indicador de la seriedad está en los recursos que se ponen, como en cualquier auditoría de cualquier empresa.

Poner a la víctima en el centro

Las víctimas en el centro es parte de la solución. Las víctimas no son el problema, las víctimas bastante tienen con haber sufrido la angustia y la zozobra de las agresiones sexuales. Las víctimas son parte de la solución. Ponerlas en el centro es la mejor manera de caminar en la dirección correcta.

Ir más allá

Necesitamos ir más allá. Primero, barrer nuestra propia casa y, solo después y no antes, tendremos autoridad para apuntar un problema que no solo está en la Iglesia. En efecto, la Iglesia forma parte de una sociedad en la que los abusos sexuales lamentabilísimamente se dan. Las cifras que aporta la Fiscalía General del Estado sobre los delitos contra la indemnidad sexual son sinceramente espectaculares. Quién podría decir que, en un momento de liberalismo sexual, de relajación de las costumbres, de cincuenta mil cosas, se estén produciendo unas cifras de delitos de agresión, abuso, acoso sexual sin precedentes. No es suficiente el indicador: «Ahora se denuncian más». Existe la sensación contrastada de que están aumentando este tipo de delitos en la sociedad. La trivialización de la violencia, la cosificación de los sujetos, requieren una reflexión y propuestas a las que la Iglesia puede sumarse perfectamente. Puede y debe sumarse. Y podrá y deberá sumarse en la medida en que quede claro su compromiso contra los abusos sexuales. Insisto: los pasos son, primero, compromiso para barrer la basura que tenemos dentro, y, segundo, una vez barrida y siendo creíbles, ir más allá para ayudar a toda la sociedad y ayudarnos entre todos a barrer la basura que hay fuera, que también es abundantísima

Unificar criterios de transparencia

Debería haber en la Iglesia una regulación de carácter universal en cuanto a facilitar información que evitara una dispersión anómica de criterios tan contradictorios, como, por ejemplo, los que hay en Chile o Estados Unidos, que no tienen absolutamente nada que ver con los que se dan en la Europa mediterránea. Y el problema no es solamente que existan criterios contradictorios, sino que existen algunos que son manifiestamente contra derecho. Por ejemplo: publicar la lista de los nombres de las personas cuando todavía no han sido enjuiciadas, sino, simplemente, están bajo sospecha, viola el n. 1717 del *Código de derecho canónico,* que dice que no se puede violentar la buena fama del investigador y viola la presunción de inocencia. En Europa no podríamos publicar estas listas nunca, es una barbaridad. Sin embargo, en Chile o Estados Unidos, probablemente por razones de populismo cognitivo, enseguida sacan el listado de nombres, aunque luego haya personas que resulten absueltas por esos delitos. Por otro lado, seguramente no estamos acertando en la Europa mediterránea con un sigilo casi sacramental donde, al final, no se dice absolutamente nada y donde suele haber una confusión tan grande que, incluso en algunos casos, se ha llegado a pensar erróneamente que el pobre cura que está cansado y que se va unos meses de respiro lo hace por estar sometido a una medida cautelar o a una medida penal.

Creo que una cierta transparencia, sobre todo en las fases finales del procedimiento, cuando ya hay una resolución, es imprescindible. Es un deber de justicia para con la institución, para con la paz eclesial, para con el bien común y para con los fines que tiene la pena en el propio derecho. Pero esto necesitaría ser regulado universalmente con unos criterios que siguiera la Iglesia en todo el planeta.

Conclusión

Benedicto XVI marcó un hito en la respuesta ante los abusos, cuando cumplió 94 años; hizo esa expresiva petición de perdón diciendo que se sentía profundamente consternado por cada uno de los abusos en particular y por cada una de las víctimas que había conocido en muchas ocasiones. Francisco ha seguido en la misma estela. Las Conferencias episcopales parecen haberse incorporado tardíamente –aunque felizmente– a esta dinámica después de un tiempo de dilentantismo incomprensible.

Pero hay vida más allá de los abusos. Por eso, las experiencias negativas de humillación, banalización, sospecha y miedo se van sustituyendo por la acogida, la escucha, la empatía, el respeto, la ausencia de juicio y la credibilidad. Podemos afirmar rotundamente que hay vida después de los abusos. Del infierno se sale pasito a pasito. Y la Iglesia puede ser una facilitadora de primer orden. Es posible salir con las ayudas adecuadas de ese infierno de culpabilidad y temor permanente. Se puede romper esa atadura invisible y asfixiante de sometimiento. La experiencia limpia de Dios para los creyentes puede resultar fundamental en este proceso. Se trata, con Edith Stein, de un auténtico peregrinaje con Dios a través de lo peor de lo que la humanidad es capaz de perpetrar. Ella se refería al Holocausto, pero no menos infierno es muchas veces haber pasado por los abusos sexuales.

Hay vida para las víctimas, hay vida también para los agresores, con lo que sean capaces de asumir, que casi nunca será todo. Con la humildad de dejarse ayudar podrán superar ese abismo entre el cura que siempre quisieron ser, el que iba a dar la vida por su prójimo, y el que acabó tristemente abusando de él. Para todos hay posibilidades de vida como para Pedro hubo tres posibilidades de rectificar.

Y hay vida también para la institución eclesial, que puede salir fortalecida de esta crisis si acierta, aunque sea con retraso, a ser transparente y creíble. Ya no podremos ir de señorita Rottenmeier, dándole lecciones al mundo. Más bien advertiremos que anunciamos un mensaje imponente y precioso del que nos sentimos orgullosos, pero que portamos en humildes vasijas de barro. En definitiva, solo una Iglesia que afronta con convicción, firmeza y pasión la verdad que hace libres podrá seguir siendo sacramento de un Dios que sale al encuentro de todas las víctimas para sanar su dolor. Iglesia que no desdeña, tampoco, el arrepentimiento del perpetrador y que nos urge a todos a dar una vueltecita a la necesidad de hacer autocrítica.

Nadie está encadenado a sus heridas, no somos prisioneros perpetuos de las culpas. El futuro es el tiempo de un Dios capaz de hacer nuevas todas las cosas con tal de que le dejemos y que no le estorbemos demasiado. Nunca agradeceremos a las víctimas bastante su esfuerzo y su lealtad.

Las víctimas, en cristiano, no solo ostentan la condición victimal, sino también la martirial, ante el testimonio, en muchos casos, de la fe mantenida a pesar de la catástrofe provocada por el agresor y multiplicada por una mala praxis institucional. Por eso son –sois– una riqueza inmensa para la Iglesia, estéis dentro o fuera de ella. Sin vosotros –sin vosotras–, la Iglesia no estaría completa y en ningún caso sería la Iglesia de Jesús.

Debemos dar las gracias a todos los que nos han sacado los colores, aunque no sean de los nuestros. Tal vez, si no nos hubiéramos visto confrontados públicamente en materia tan delicada, estaría por ver cómo habríamos acabado reaccionando. Quizá, al final, la mejor lección aprendida es que tenemos que seguir públicamente llevando la L en la luneta trasera. Quizá hemos alardeado demasiado de maestros y, a la postre, lo que hemos dejado de ser –y a lo que somos llamados a ser– es, sencillamente, discípulos. Por eso, como alumnos poco aventajados del Maestro de Nazaret, queremos seguir aprendiendo. Aprendiendo –también es verdad– dolorosamente, incluso de nuestros propios errores.

En este momento, abrumados por tanto dolor de tantas personas, acojamos como Iglesia, con esperanza y con cariño, las palabras que el Señor dirigió a uno de sus más paradójicos y esquinados seguidores: «Te basta mi gracia, porque mi fuerza se manifiesta en la debilidad» (2 Cor 12,9).

CLAUSURA

Cardenal CARLOS OSORO
arzobispo de Madrid y vicepresidente
de la Conferencia Episcopal Española

Muchísimas gracias al Instituto Superior de Pastoral y a PPC por estas conversaciones «¡Nunca más! Abusos de poder, de conciencia y sexuales en la Iglesia de hoy».

Muchas gracias, porque este es un tema que, como hemos podido ver en la intervención del profesor y vicario de desarrollo integral de nuestra diócesis de Madrid, Josito, es nuclear en la vida de la Iglesia.

Puedo deciros que me ha gustado lo que yo he oído esta tarde. Recuerdo que hace ya cuatro años formé el departamento Repara en la diócesis de Madrid. Muchos, al inicio, no creían en ello. Creo que ha sido importante esta institución y creo que será importante si se completa.

¿Y cómo se completa? Repara ahora está bien y sigue siendo necesario para que la gente pueda acudir. Pero en conversaciones con personas ligadas a Repara vemos necesario poner en marcha Transforma para que esto que nace en la Iglesia se traslade a la sociedad a través de otras muchas instituciones.

Está claro que en la Iglesia nunca tenía que haberse dado ni un abuso. No debía darse nunca, pero se ha dado, porque la Iglesia vive en el mundo, vive en la vida de los hombres, en la historia de los hombres, y padece también las mismas situaciones que padece toda la sociedad. Pero ¿por qué Transforma? Porque estoy convencido de que lo que hacemos ya en la Iglesia puede ayudar a transformar la sociedad mediante el ejercicio de una reflexión compartida, seria y honda.

¿Qué podemos aportar desde la Iglesia? Pues lo iremos viendo. Yo he tenido ya algunas reuniones con profesores de universidad, gente del pensamiento, gente que está trabajando en un cambio social…, para poder hacer viable esta otra institución, Transforma, que es paralela a Repara. No sería completa Repara si no ponemos a su lado Transforma, si no aportamos soluciones a la vida social.

Recuerdo que, con motivo del Sínodo, aparte de las reuniones que hubo en las parroquias para las aportaciones que se podían hacer, yo tuve encuentros con grupos muy diversos, y no todos eran creyentes. Me reuní con artistas de teatro, de cine, con cantantes, unas treinta personas. Les pregunté qué es lo que ellos veían y querían de la Iglesia. Me reuní con los todos los grupos políticos que hay en España, también toda una tarde. Me reuní con todos los movimientos sindicales que existen en España. Tuve muchísimos encuentros de los cuales he tomado nota y me han llevado a verificar que no solamente yo había hecho Repara, que ya es importante, sino que había que dar un paso más y aportar no solamente Repara, sino Transforma. Así podríamos dar orientaciones a toda la gente en este ámbito, y no es fácil, aunque sí necesario que alguien dé el primer paso.

Yo sé que no voy a descubrir América, ¡seguro!, pero sí intentaré poner los medios necesarios para poder generar transformación en una sociedad que comparte los mismos problemas que la Iglesia. La Iglesia vive en el mundo, no en la estratosfera. Pondremos los medios para que allí donde vive la Iglesia militante, que es donde se dan los abusos, se produzca este cambio.

Muchas gracias al Instituto Superior de Pastoral, que siempre está en la brecha poniendo la voz que la Iglesia tiene que dar en cada momento. En nombre del director del Instituto, muchísimas gracias a todos los que formáis parte de él. Muchísimas gracias también a PPC por apostar por estas conversaciones, sean estas de este año o todas las anteriores por las que habéis apostado. Muchas gracias de corazón y gracias a todos los que estáis aquí. A todos os agradecería que, si tenéis intuiciones que pueden servir tanto para Repara como para el futuro Transforma, me la hagáis llegar.

Muchas gracias.

ÍNDICE